14
87.

FIANCÉE

AMIENS

Delattre-Lenoël

1887

FIANCÉE!

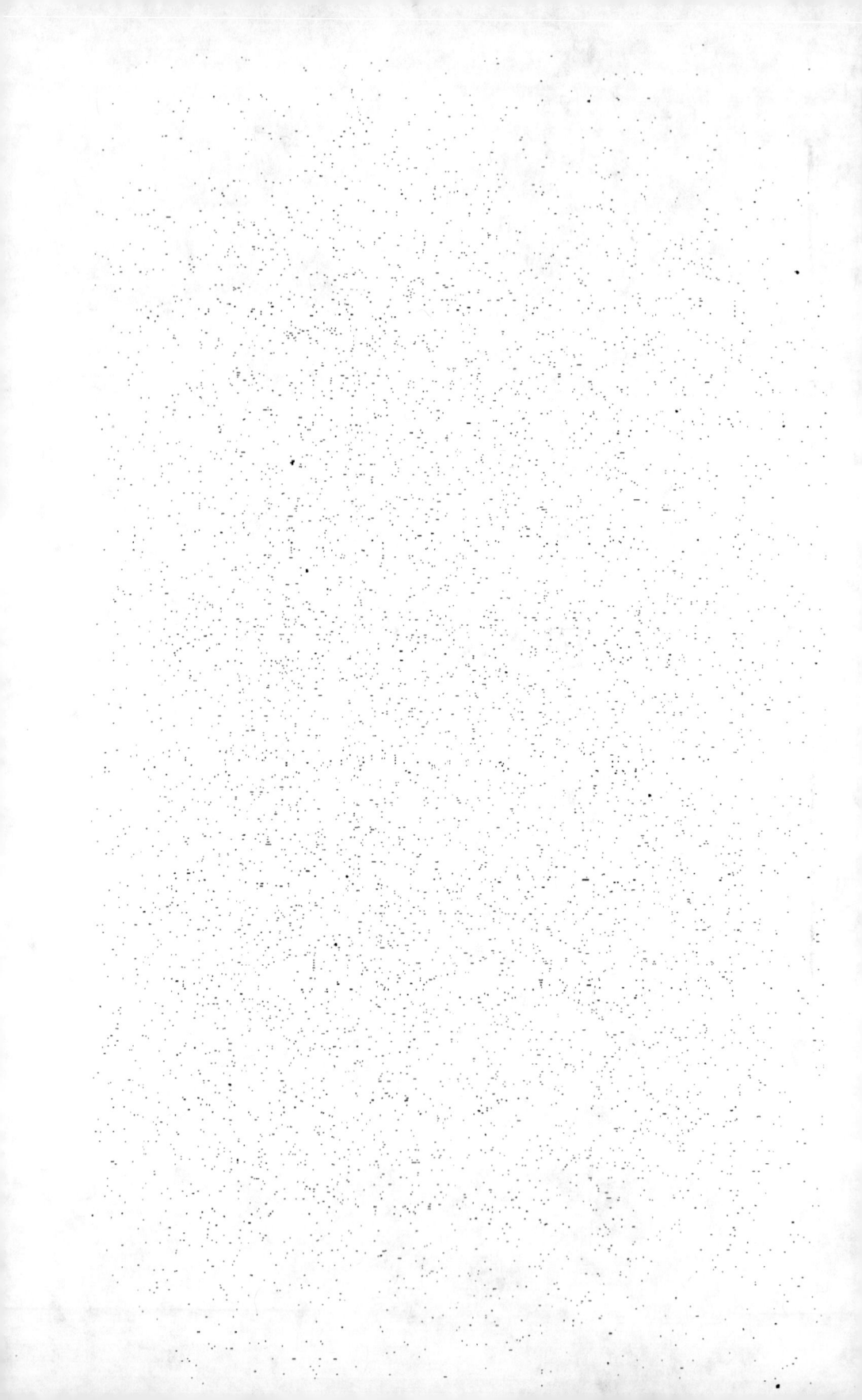

LETTRES D'UNE GRAND'MÈRE

FIANCÉE!

PAR

ANDRÉE VAUGENETS

AMIENS

IMPRIMERIE DELATTRE-LENOEL

32, RUE DE LA RÉPUBLIQUE, 32

1887

A MADAME OCTAVE FEUILLET

Vous le savez, Madame, ces lignes ne seront pas lues par la douce et charmante enfant qui les a inspirées.

Permettez-moi de vous les offrir, à vous qui avez compris mon désespoir et qui avez donné votre protection et votre amitié à une étrangère, seulement parce qu'elle était malheureuse.

C'est votre aimable intervention qui m'a valu les encouragements et aussi les sages critiques du maître excellent qui a plus fait pour moi, en quelques heures et en quelques lignes, que les dévoués professeurs de ma jeunesse.

C'est donc à vous, Madame, à Monsieur Feuillet, que je devais l'hommage de ces chers souvenirs ; puisse-t-il n'être indigne ni de votre cœur, ni de son jugement.

ANDRÉE VAUGENETS.

I

FIANCÉE !

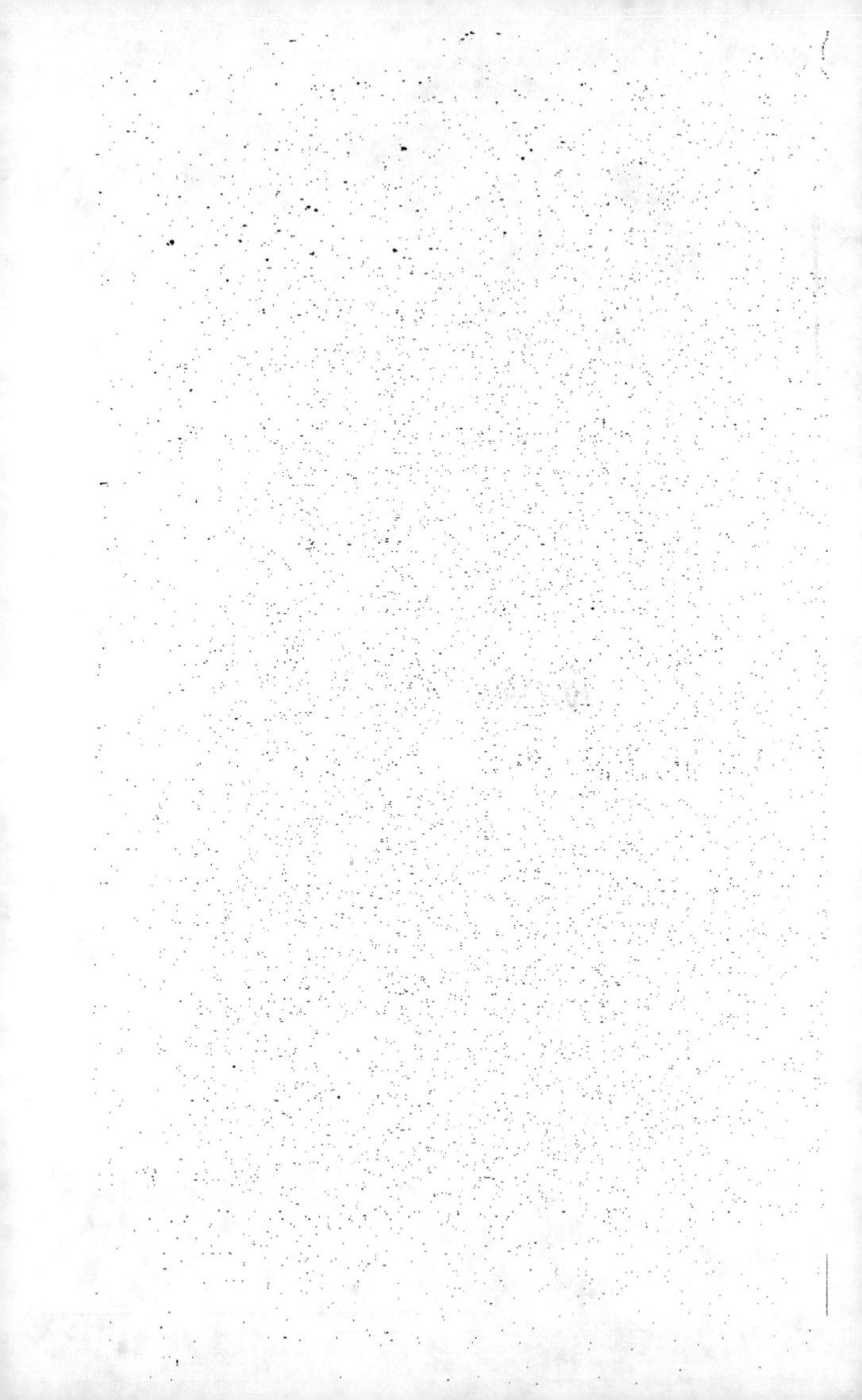

La jeune fille ! Elle est un souvenir des cieux.
Au tissu de la vie, une fleur d'or brodée,
Un rayon de soleil qui sourit dans l'ondée.

TH. GAUTIER.

I

FIANCÉE !

Assurément tu n'a jamais été à l'Eldorado, ma chérie ; mais comme il est admis maintenant que nos salons sont ouverts aux drôleries de l'Opérette, voire même aux échos des Cafés-Concerts, tu as entendu cette romance fort gracieuse du reste, qui a nom : *Le sentier couvert.*

Certes, il est attrayant ce sentier; mais
je suis sans doute une bonne-maman de
très mauvais caractère, car je n'aime pas
ce refrain, qu'on semble applaudir juste-
ment parce qu'il contient une pointe d'iro-
nie à l'adresse de ces pauvres grand'mères.

« Grand'maman, grand'maman
« Vous avez dû passer par là ! »

Je proteste, avec toute la gravité qui
convient à mon âge.

Eh quoi ! parce que nos cheveux ont
blanchi, parce que notre taille s'est courbée,
nous aurions oublié nos vingt ans !

Les rigueurs de l'hiver nous font-elles
oublier les charmes du printemps ?

S'il est vrai que le souvenir ait une poésie
que n'a plus l'heure présente, nous sommes
encore capables de goûter et de sentir,

avec ceux que nous aimons, ces douces émotions qui ont été les nôtres.

Il n'a pas neigé dans nos cœurs comme sur nos têtes, et, si les orages de la vie ont courbé nos épaules, nos esprits, restés droits et fermes, peuvent encore suivre les vôtres, et comprendre tous vos enthousiasmes.

Les grand'mères ont connu l'austère douceur du sacrifice, et elles se sont fortifiées dans la lutte.

Elles ont vu disparaître à leur côté tant de chers aimés, qu'il faut leur pardonner cette mélancolie qui leur est habituelle ; mais elles connaissent la résignation, et Dieu leur garde encore ce regain de jeunesse, qui les empêche d'être étrangères aux joies des petits. Une grand'mère ne saurait être ni égoïste, ni insensible, ni malheureuse, malgré les tristesses de son passé, quand il lui reste à aimer une bonne et charmante petite-fille comme toi.

Oui, ma chérie, je les connais ces sentiments couverts !

« Ah ! quand on n'a qu'une pensée,
« Pour se la dire, on est bien là ! »

et je t'assure, qu'en remuant la cendre de mes bonheurs perdus, l'étincelle brille toujours, et mon cœur n'est pas mort !.....

Tu seras donc demain l'heureuse fiancée de M. Richard F....... ! Toute saisie de ta nouvelle importance — tu croyais ton rôle plus facile — te voilà prise de grandes terreurs et de joies insensées.

Tu accours affolée, éperdue, vers moi, ta confidente extraordinaire, pour me prier de te guider dans cette route si ensoleillée et si fleurie, que le vertige t'en vient à la tête.

Ta mère, me dis-tu, te semble étrange : elle encourage ton nouvel amour, et tu surprends sans cesse des larmes dans ses yeux. Tu ne l'as jamais plus aimée, et tes caresses la rendent songeuse. Tu parles d'avenir et son esprit se complaît dans le passé !

C'est qu'elle est à cette heure où, selon la parole du poète, on voudrait *jeter l'ancre !*

Pour elle, va commencer la grande épreuve. L'avare peut-il rester indifférent à la perte de son trésor ?

Elle cherche, elle épie, elle s'avance à la découverte ; chaque mouvement du cher inconnu lui révèle un secret. Là, elle surprend une qualité ; demain c'est un travers, un défaut peut-être....

1*

Elle le dévisage, et pourtant elle le connaît depuis longtemps. Elle étudie ses
gestes, sa voix, sa marche ; elle compte
les plis de son front, demandant à chaque
ligne perfide de lui confier son histoire.

Jamais elle n'a tant regretté la petite
porte, tu sais, celle proposée par Junon,
et qui devait si bien servir les intérêts de
cette pauvre vérité.

Dans ses heures d'appréhension, elle se
souvient pourtant que « Celui qui élève un
» fils n'élève qu'un homme, et que celui
» qui élève une fille élève une famille. »

Elle retrouve confiance à cette pensée,
car elle compte sur toi : ton bonheur
sera sa récompense, l'admiration de ton
mari sera son triomphe. Ce nouveau
venu, qui s'en méfie peut-être — on a dit
tant de mal des belles-mères — l'adorera,

quand il saura ce qu'il lui doit, et il aura raison; car il n'aura jamais de meilleure alliée.

Fiancée! mot magique qui fait battre le cœur de toutes les jeunes filles! Fiancée! c'est-à-dire adulée, choyée, adorée, idole en un mot, à laquelle on semble ne rien demander que la permission de la servir à genoux.

Il y eut un jour, dans ton passé, qui eut tous les apprêts de celui qui t'attend. Tu étais vêtue de blanc, couronnée de fleurs aussi; tu étais la reine de la famille et tu n'avais pas douze ans.

Ce jour fut bien réellement un jour de fiancée. Fiançailles célestes, trop impré-gnées, peut-être, d'une exaltation mystique, qui pouvait devenir un danger pour ta nature ardente.

Quoi qu'il en soit, ton âme s'est éveillée à l'amour vers Celui qui veut les prémices de toute chose. Tu as appris de bonne heure à élever vers Dieu ton cœur et ta pensée; et, ta mère, détruisant une à une certaines attaches puériles qui n'auraient fait de toi qu'une *précieuse en dévotion* t'a conduite insensiblement de l'extase à la foi sincère et de l'amour au sacrifice.

Solidement attachée à la doctrine, ton âme droite et sensible s'est tournée vers son auteur, et ta première douleur s'est calmée dans la prière.

De la prière à la reconnaissance il n'y eut qu'un pas pour ton esprit généreux: Nous avons vu, jour par jour, ton caractère s'améliorer, tes qualités ou plutôt tes

vertus se développer et grandir ; parce
que, soutenue sans cesse par la pensée du
devoir, tu savais bien qu'un témoin, là-haut,
comptait tes efforts pour les inscrire au
livre de vie.

Aujourd'hui, il te faut descendre du ciel
sur la terre. L'homme n'est qu'un miroir
divin : tu ne peux pas espérer saisir en lui
la perfection de tes rêves. Il faut t'efforcer
de te perfectionner toi-même. L'exemple
est le plus sûr de tous les entraînements.

— Pour aimer Dieu, impalpable, invi-
sible, nous n'avons, nous autres femmes,
qu'à nous laisser emporter sur les vagues
de notre imagination, toujours avide d'idéal.
La vague se soulève sous l'effort tempé-
tueux de nos désirs, et l'Infini devient notre
domaine.....

L'amour terrestre est moins parfait ; il

exige plus d'une lutte, plus d'un abandon. Dieu te semblait conquis, parce qu'il est immuable ; mais l'homme ne l'est jamais.

L'amour terrestre vit d'échange, grandit par les concessions ; il se donne, mais il demande. Seul l'amour maternel sait aller jusqu'à l'immolation.....

Puisses-tu, ma chérie, n'en pas faire un jour la douloureuse expérience !

Demain donc, vont commencer pour toi des jours nouveaux. Tu vas échanger ton heureuse insouciance pour ces troubles charmants

« Dont la souffrance est un plaisir. »

L'avenir s'offre à toi plein de souriantes promesses. Je comprends et j'approuve cette confiance qui te porte vers lui.

Il est si bon de croire, il est si doux
d'espérer !

Mais un fiancé n'est pas un mari. Défie-
toi de cet enthousiasme exagéré, danger
inévitable de tout premier amour, garde-
toi aussi des fausses réserves et des froi-
deurs calculées.

Loin de moi la pensée de te conseiller
ces coquetteries mesquines et ces caprices
puérils si funestes aux affections naissantes.
Je veux simplement faire appel à ta dignité,
et te dire que la nature orgueilleuse de
l'homme ne saurait se complaire en des
conquêtes trop faciles.

Songe aussi que tes joies sont faites du
sacrifice de tes bons parents, rends-leur
la séparation moins amère, en redoublant
pour eux d'affection et de tendresse.

Gagne-leur un fils : tu es toute-puissante à l'heure présente.

Ils t'ont rendu tes ailes, use prudemment de ta liberté. Les sentiments que l'on veut durables doivent être calmes, réfléchis.

Ils sont encore si fragiles les liens qui t'attachent à lui, que je craindrais pour vous deux cette menace du poëte :

« Les inconstants ne donnent point de cœurs
« Sans être encore tout prêts à les porter ailleurs. »

II

LE PREMIER BOUQUET.

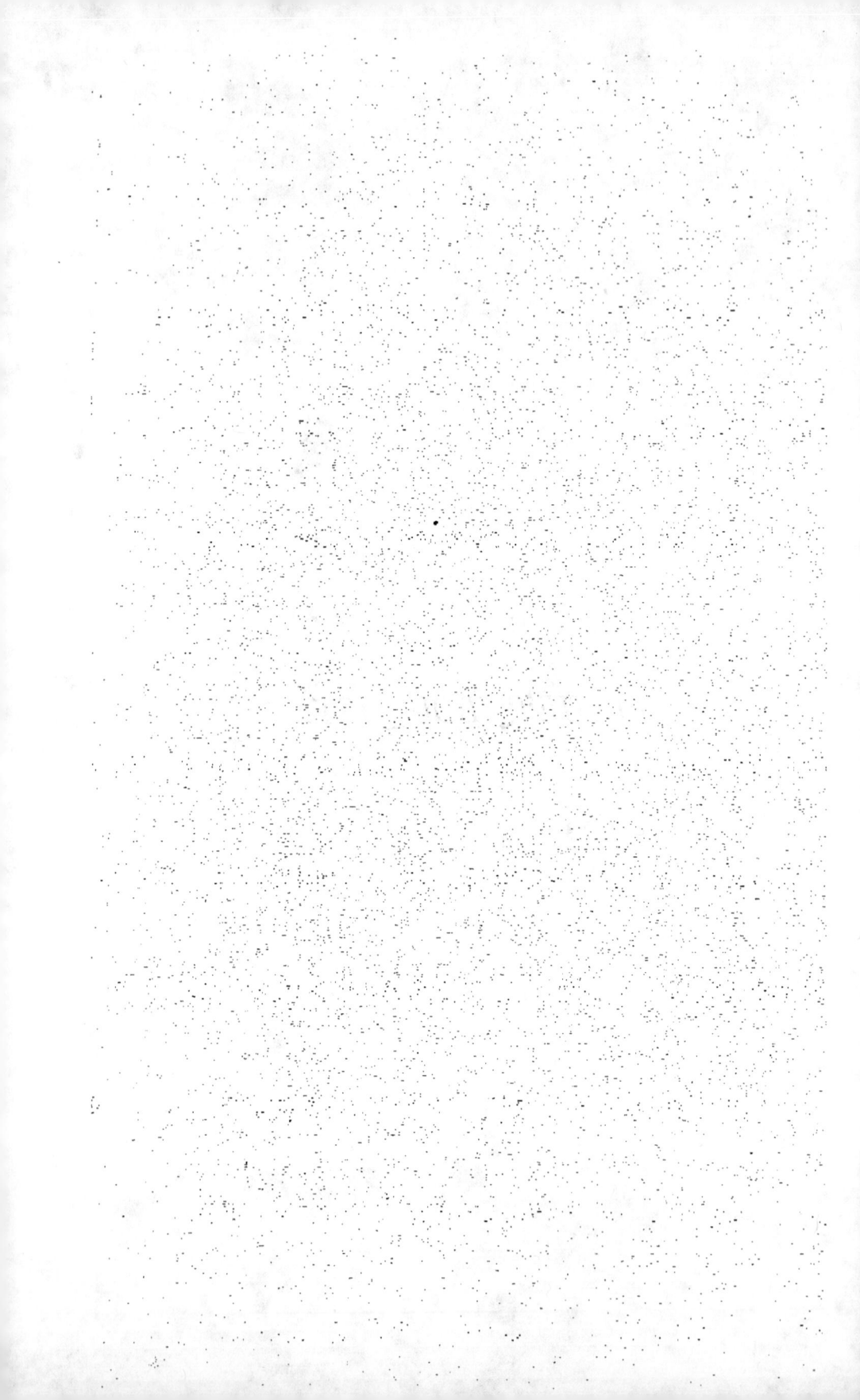

Qu'il est doux d'être au monde, et quel bien que la vie !
Oui, la vie est un bien, la joie est une ivresse,
Il est doux d'en user sans crainte et sans soucis,
D'avoir vécu vingt ans comme Dieu l'a permis,
Et, si jeunes encor, d'être de vieux amis !

A. DE MUSSET.

II

LE PREMIER BOUQUET

———

Il y a deux ans, n'est-ce pas, que nous avons rencontré Monsieur F. pour la première fois ?

Qu'est-ce donc qui nous l'a fait remarquer aussitôt que nous l'avons aperçu ? Pourquoi nous a-t-il suivies du regard, avec tant d'insistance, nous qu'il ne connaissait pas ?

Sans doute, nous avions subi tous ce courant sympathique qui ne s'évite pas, cette attraction mystérieuse qui ne s'explique guère davantage : le destin faisait son œuvre, sous l'action de cette puissance intelligente et protectrice, que nous ne voudrions pas appeler le hasard.

C'est à cette fête, donnée par notre amie Madame B***, que nous avons découvert celui que nous attendons ce soir, comme il est venu quelquefois, mais qui aujourd'hui n'aura qu'à paraître, pour faire dans ton esprit, si ce n'est dans ton cœur, plus de chemin en cinq minutes que les amis qui vivent près de nous depuis vingt ans.

Les bons mariages, dit-on, sont faits de l'intelligence des mères. Cela sera vrai pour toi, du moins j'en ai la confiance.

Je vais commettre une grosse indiscrétion, en te racontant ta propre histoire.

Je veux que tu saches ce que tu dois à

ta mère ; que tu apprécies plus encore, si cela est possible, le dévouement infatigable dont elle n'a cessé de t'entourer.

Tu ne te souviens certainement plus de la conversation qui s'engagea entre Monsieur F. et toi, dans le petit salon bleu de notre amie, et les vingt minutes qui ont décidé de votre avenir ont passé, pour toi, bien inaperçues.

Ta mère, elle, n'a rien oublié ; elle a gardé dans son cœur cet échange si naïf de vos pensées, de vos goûts, et sinon de vos sentiments, au moins de vos préférences.

La jeunesse bien élevée est tellement confiante ! N'ayant rien à cacher, elle ne sait pas dissimuler, et pour la mère qui est restée la sœur aînée de sa fille, des instants comme ceux-là suffisent pour faire surgir tout un monde de réflexions, qui deviennent aussitôt espérances ou projets.

Pour la première fois, ta mère a été mystérieuse avec toi ; elle n'aurait pas voulu livrer la clé du rêve à la folle du logis. Elle a écouté, médité, prié ! elle s'est souvenue, comme les mères savent se souvenir. Ta mère a compris que Monsieur F. t'avait distinguée ; et, tout orgueil maternel à part, sa science de la vie lui disait qu'il était bien près de t'aimer.

Depuis, elle n'a point perdu une seule occasion de s'instruire sur l'histoire de ce *héros* qu'il lui importait de bien connaître.

Rien ne lui était plus facile ; on lit si distinctement dans l'existence des honnêtes familles ! Elle n'a eu pour cela qu'à sortir un peu plus, à se rapprocher du cercle des intimes, à être très exacte au jour des *bonnes-amies* et tout le procès du cher inconnu s'est déroulé devant elle, sans qu'elle se soit rendue coupable de la plus légère indiscrétion. Elle a simplement observé, et les documents se sont groupés d'eux-mêmes.

Ne voulant compromettre ni sa dignité, ni la tienne, elle n'a provoqué aucune entrevue, ménagé aucune occasion de rencontre, mais elle a franchement accepté tout cela, dès que la Providence semblait le lui offrir.

Oh ! alors, comme elle épiait son regard et le tien ! Comme vos silences lui en disaient long, comme vos paroles la rendaient pensive, et avec quelle sollicitude, Parque toujours silencieuse, elle filait prudemment la trame de vos existences. Au moment de dresser son plan de campagne elle se souvint que « la plus

2

» grande habileté est de n'en point avoir »
et c'est à la confiance qu'elle fit appel
pour terminer son œuvre.

Ta mère *mérite ses amies* ; aussi n'a-t-elle
pas craint de s'adresser à l'une d'elles,
pour lui confier toutes ses impressions ;
qui sait ? peut-être pour se fortifier dans
ses espérances.

Ce n'est pas à la légère que notre
diplomate a livré son secret d'Etat, c'est à
une amie fidèle, prudente, qu'elle a avoué
ces pensées intimes que ton père et elle
étaient seuls à connaître. Et pendant
qu'ils complotaient contre ta liberté, tu
faisais des projets, croyant avoir encore
de longs jours à passer sous ce toit béni
où s'est épanouie ta joyeuse jeunesse, et
déjà tes bons génies élevaient les murs de
ton palais.

Tu devras ton bonheur à ta mère, à son amie. Est-il possible d'entrer dans la vie plus sûrement escortée : défendue par l'amour, et protégée par l'amitié.

Charmant jeune homme ! C'est avec un légitime orgueil que j'aime à rappeler tous les biens qu'il t'apporte :

Des convictions religieuses qu'il a le mérite d'affirmer sans faiblesse, par ces temps de doute et d'indifférence ; une position qu'il doit à son travail, une excellente santé, et sur tout cela l'héritage d'un grand nom, conquis à la défense de tout ce qui est beau, noble et vrai.

Sa fortune est suffisante pour que, unie à la tienne, elle vous permette de continuer, sans gêne et sans faux luxe, l'existence qui fut la vôtre dans la maison paternelle.

Ses talents lui assurent un capital de

réserve pour l'avenir des enfants que Dieu
vous accordera je l'espère.....

Tu le recevras donc ce soir, notre futur
fils.

J'ai vu le charmant bouquet qu'il te
destine : ces roses blanches, dont l'eni-
vrant parfum grise tant de têtes folles !

Aujourd'hui l'élégance a fait un monu-
ment de ce premier cadeau ; nous autres,
nous étions heureuses d'une gerbe de
fleurs des champs : chaque bleuet, cueilli
par notre bien-aimé, nous disait douce
parole, et chaque brin d'herbe séchée
nous laissait gai souvenir. Mais il faut être
de son temps et j'aperçois, autour de ton
bouquet, un joli mouchoir orné d'une
merveilleuse dentelle !

Dans ma naïveté de grand'mère, je

prenais cela pour un de ces papiers à jours qui faisaient mon admiration, quand j'en trouvais *par hasard* dans mes bonbons du jour de l'an.

Puisque grand'mère a mis ses lunettes pour admirer les magnificences du progrès, elle a surpris d'autres choses encore, dont elle veut te parler aussi.

Ces belles roses blanches cachent plus d'une épine et, dans mon impitoyable franchise, je t'avertis que j'ai cru voir, sous ces fleurs, quelques pensées timides qui me parlent de tristesses passées.

Ces roses, fraîches et blanches comme ton âme, sont l'hommage légitime rendu à ton innocence et à ta simplicité. Elles te sont dues. Accepte-les, toute fière de les mériter si bien.

Mais lui... y a-t-il assez longtemps que

tu le connais pour être certaine d'avoir les premiers battements de son cœur ?

Te le promettre serait une imprudence, te cacher mes craintes serait un danger ; mais, si tu n'a pas sa *première* affection, je t'affirme, moi qui ne t'ai jamais trompée, que, la *première* tu as su lui inspirer ce sentiment respectueux et chaste qu'il n'a jamais éprouvé pour une autre ; il veut te donner toute son estime, il veut que tu deviennes son affection *première*.

Tu as gardé toute blanche la page sur laquelle il veut écrire son nom. Ta nature et ton éducation surtout, te protégeaient.

Mais lui, n'a-t-il pas traversé une existence pleine de dangers ?

Irais-tu obscurcir volontairement ton ciel avec tous ces prétendus caprices qui, semblables au brouillard léger, doivent se fondre aux premiers rayons de ton soleil ?

Ferais-tu à ces tristes oubliées l'honneur d'une comparaison ?

Ne sais-tu pas que la jalousie est l'aveu de notre infériorité, et que jalouser une rivale, c'est la craindre ?

Tu es l'ange de l'espérance, sois aussi celui du pardon ; et lorsque tu lui tendras la main, qu'il sache bien que ce n'est pas une enfant ignorante et timide qui vient à lui, mais une âme forte et généreuse qui saura tenir ce qu'elle promet ; car elle a pour devise ces deux mots qui font les grandes choses :

Tendresse et Dévoûment.

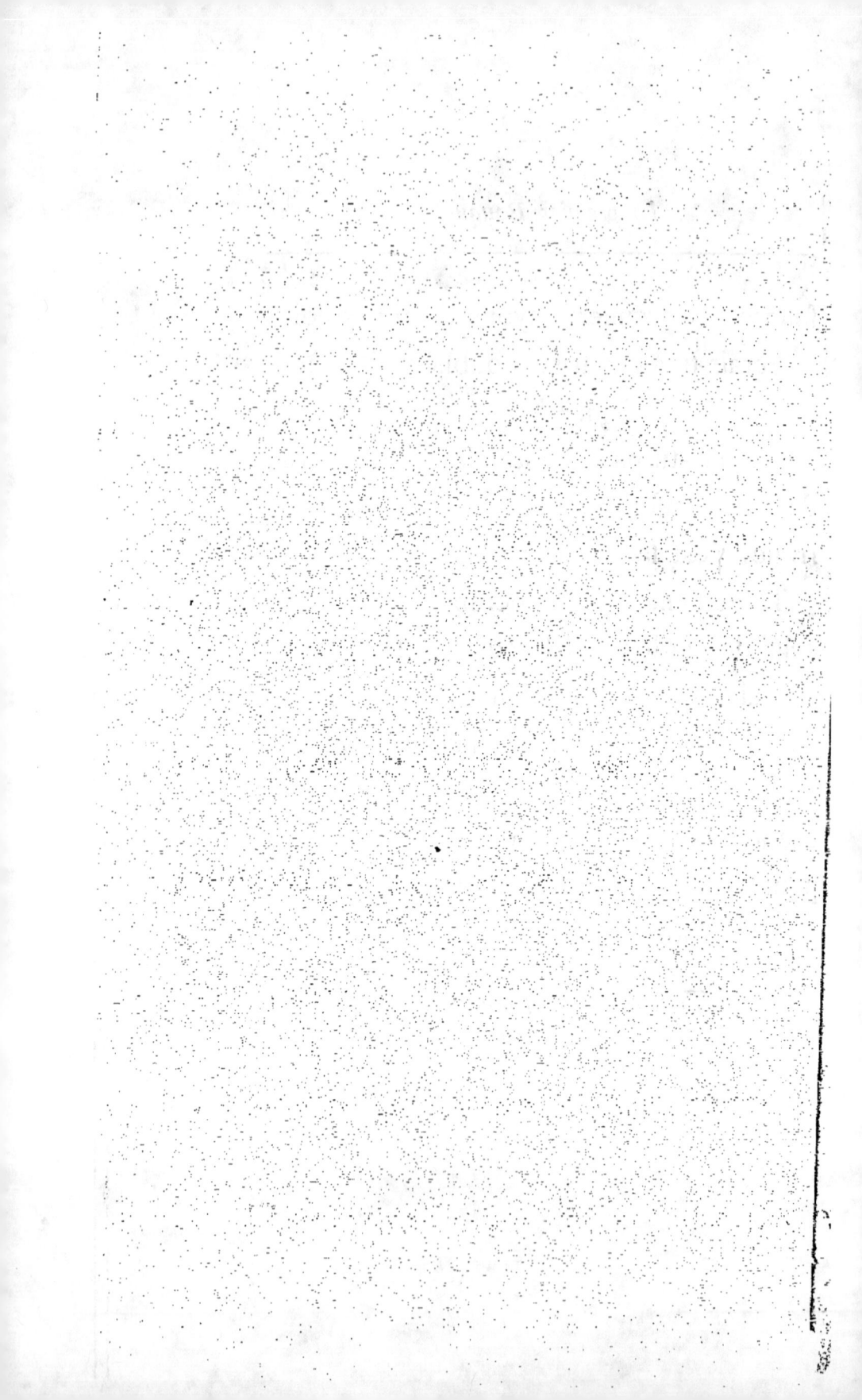

III

JE VEUX LUI PLAIRE !

La beauté sur la terre est la chose suprême ;
C'est pour nous la montrer qu'est faite la clarté.
Rien n'est beau que le vrai, dit un vers respecté ;
Et moi je lui réponds, sans crainte d'un blasphème :
Rien n'est vrai que le beau, rien n'est vrai sans beauté.

A. DE MUSSET.

III

JE VEUX LUI PLAIRE !

━━━

HIER c'était des fleurs ; aujourd'hui c'est un bijou superbe : une bague, ou plutôt deux bagues. J'aime cette idée qui met en relief deux cercles de diamant, discrètement unis, dans le fond de la main, par un simple anneau d'or. Le joaillier qui a trouvé cela est certainement un philosophe. « Brillez séparément au dehors, vous dit-il ; mais qu'une même pensée vous rassemble et vous unisse toujours. » Les

3

fleurs passeront, ma Chérie ; hélas, toute
fleur se fane pour nous donner le fruit
qu'elle promet ; mais l'anneau restera.
C'est le premier maillon de cette chaîne
que votre amitié va rendre indissoluble. Il
me semble voir ton nouvel ami briser
l'anneau de sa barque si capricieuse et si
fière, et te remettre, tout confiant, le soin
de sa destinée.

Tu es reine aujourd'hui et reine à la
manière de notre siècle, puisque ta couronne a été soumise à l'élection, discutée
et enfin votée par lui, par sa famille tout
entière.

Tu n'as fait aucune avance ; on t'a
choisie en toute indépendance, on t'apporte
aujourd'hui les insignes de ton pouvoir.

Ton fiancé vient à toi subjugué, vaincu,
il se rend sans conditions.

Il te supplie, pourtant, de ne pas lui ravir ses espérances : Fortune, honneur, liberté, il te confie tout cela, à toi d'en disposer en souveraine équitable et généreuse.

Ne joue pas avec ton sceptre, souviens toi qu'on te l'a seulement prêté et que toute rébellion serait funeste à ta puissance.

Ne te repose pas sur les lauriers conquis ; il en reste toujours d'autres à gagner.

Il faut défendre tes droits, doucement, sans lutte apparente, mais heure par heure, minute par minute, afin de défier toute comparaison. La sentinelle qui s'endort compromet le salut de la cause.

Sa fortune sera la tienne, sans doute, mais il faut puiser avec sagesse dans cette caisse dont il te confie la clé.

Règle tes dépenses avec ordre et justice, comme tu as appris à le faire dans la maison paternelle.

Evite les parcimonies, autant que les prodigalités ; point de ces exagérations du dehors qui font les privations du dedans.

Pas de cachotteries surtout, pas de subterfuges. Comptez ensemble sur le livre des dépenses journalières que j'appellerais volontiers : *le Mémorial de la Famille ;* car tout s'achète ici-bas.

Qu'une parfaite égalité préside à vos besoins. Que tous ceux qui vous entourent soient heureux.

Privilégiés de la fortune, vous pourrez souscrire à bien des fantaisies ; chacun pourra contenter ses goûts ; vous n'aurez pas la satisfaction de ces sacrifices réci-

proques qui fortifient l'amitié ; mais prenez
garde,

« Il faut au bonheur du régime. »

Tu possèdes, mon enfant, mieux encore
que sa fortune : cette liberté, dont il était
si jaloux, il te la sacrifie tout entière. La
tâche est grande pour toi ; il faut donner
à ce captif volontaire satisfaction de tous
ses légitimes désirs.

S'il aime le monde, il faudra l'y suivre,
y briller pour lui faire honneur. S'il préfère
les réunions intimes, il faudra lui créer un
intérieur agréable et joyeux, y fêter sa
famille et ses amis, et ne jamais permettre
à l'ennui de franchir le seuil de votre porte.

S'il aime la solitude ; s'il a rêvé l'égoïsme
à deux, il faudra te perfectionner encore,
pour lui tenir lieu de famille et d'amis.

Il te donne mieux que sa fortune, et plus que sa liberté : Il te confie son honneur !

Les jeunes femmes sont trop souvent étourdies par le bruit qu'on fait autour d'elles ; leur apparition fait merveille et les hommages s'adressent à leur jeunesse, à leur beauté, à leur fortune, bien plus qu'à elles-mêmes. On ne demande rien à la jeunesse, que la jeunesse, ce premier de tous les prestiges.

La réputation est pourtant chose fragile ; la moindre apparence de légèreté peut entacher une honnête existence, d'autant mieux que les grandes innocences sont très souvent capables des plus grandes inconséquences.

La première qualité de la jeune femme du monde doit être la prudence. Pas de

confidences, pas de curiosité intempestive.
Ton mari seul devra connaître toutes tes
incertitudes, toutes tes pensées, ce n'est
qu'à cette condition que tu éloigneras de
toi les troubles et les dangers.

Pas de coquetterie, surtout. Une femme
sérieuse ne veut rien devoir aux subtilités
d'une toilette prétentieuse ; c'est par la
beauté morale qu'elle voudra plaire, et
cette beauté sera sa sauvegarde : les âmes
supérieures, seules, la recherchent et la
comprennent, et les barrières élevées par
le respect sont infranchissables.

Toutes ces qualités sont en germe en
toi mon enfant ; elles n'attendent que
l'heure pour éclore ; mais n'allons pas si
vite : Ton *mari* aura toute la vie pour
bénéficier des vertus réelles et solides que
nous lui apportons en dot. Ton *fiancé* n'est

pas si exigeant, mais il est plus pressé.

C'est du physique d'abord qu'il s'occupe. Le premier charme qui l'attire, c'est la grâce de l'extérieur : Cette harmonie de l'ensemble qui captive le regard, c'est le chemin battu par lequel passe tout amour, c'est le seul, il n'y en a pas d'autre.

Faisons donc, *pour lui plaire*, mais pour lui seulement, un petit cours de coquetterie.

Grâce au bon goût de ta mère et au choix de ta couturière, tu es restée toi-même. Tu n'as pas été, comme la plupart des jeunes filles, condamnée à subir la coupe meurtrière d'une corsetière en vogue. On ne t'a pas fait une taille de guêpe et des épaules en porte-manteau. La nature a pu te développer à sa guise, et comme c'est assurément la plus habile de toutes les artistes, tu es une belle jeune fille, droite comme un cèdre et souple comme une liane sauvage.

Je sais que je puis te faire sans danger ce petit compliment.

La modestie ne consiste pas à nier les dons que nous avons reçus, mais à les constater, au contraire, sans en tirer vanité.

Etre et paraître ! voilà le fatal problème du jour. Tu n'auras, je t'assure, aucune difficulté à le résoudre. Tu es bien, sois simplement bien, sans vouloir être mieux.

Tu as la petite gloriole de tes cheveux. Je te pardonne cette faiblesse. Tu les arranges si bien ! Tes boucles blondes font une si jolie auréole à ta douce physionomie, que je te permets cette fantaisie, d'autant mieux que tu ne m'a jamais caché ton front avec ces vilaines *mêchures* qui me déroutent, moi grand'mère, quand je cherche sur vos jeunes visages notre candeur et notre simplicité d'autrefois.

Que ta toilette soit simple et fraîche. Dans la toilette d'une femme, se devine son degré d'ordre, son esprit plus ou moins sérieux ; à sa façon de porter ou de subir certains costumes, on juge de la sûreté de son goût.

L'extérieur est l'étiquette de l'âme, et si puériles que te paraissent ces remarques, elles nous trompent rarement.

Ne trouves-tu pas ces conseils superflus et t'attendais-tu à de tels discours sur les avantages de la parure ?.

Pourtant ne te méprends pas sur mes intentions.

L'élégance n'est pas la coquetterie. L'élégance c'est le beau dans la forme, c'est le simple ; c'est le beau qui s'impose surtout parce qu'il est vrai.

La coquetterie, je la réprouve ; c'est la ruse, c'est la poudre, c'est le fard, c'est le faux ; voilà pourquoi je n'en veux pas.

S'il t'arrivait d'être surprise un jour avec tes cheveux *en matinée*, comme tu le dis si gentiment, ne te trouble pas pour si peu, et évite surtout ces fugues ridicules qui témoignent des froissements d'un amour-propre compromis.

Montre-toi telle que tu es. Le grand mal, quand ton futur mari te verrait sans piédestal ! Ne doit-il pas être le compagnon de tes douleurs, et la maladie ne pourrait-elle te faire un jour plus laide que tous les déshabillés ?

Si ta tenue est modeste, et elle doit toujours l'être, tu peux te présenter dans tous les costumes. Il saura lire dans tes yeux qui devront toujours dire, sous les roses de tes joues, ou sous les rides de la vieillesse :

Je veux lui plaire !

IV

L'ÉPREUVE.

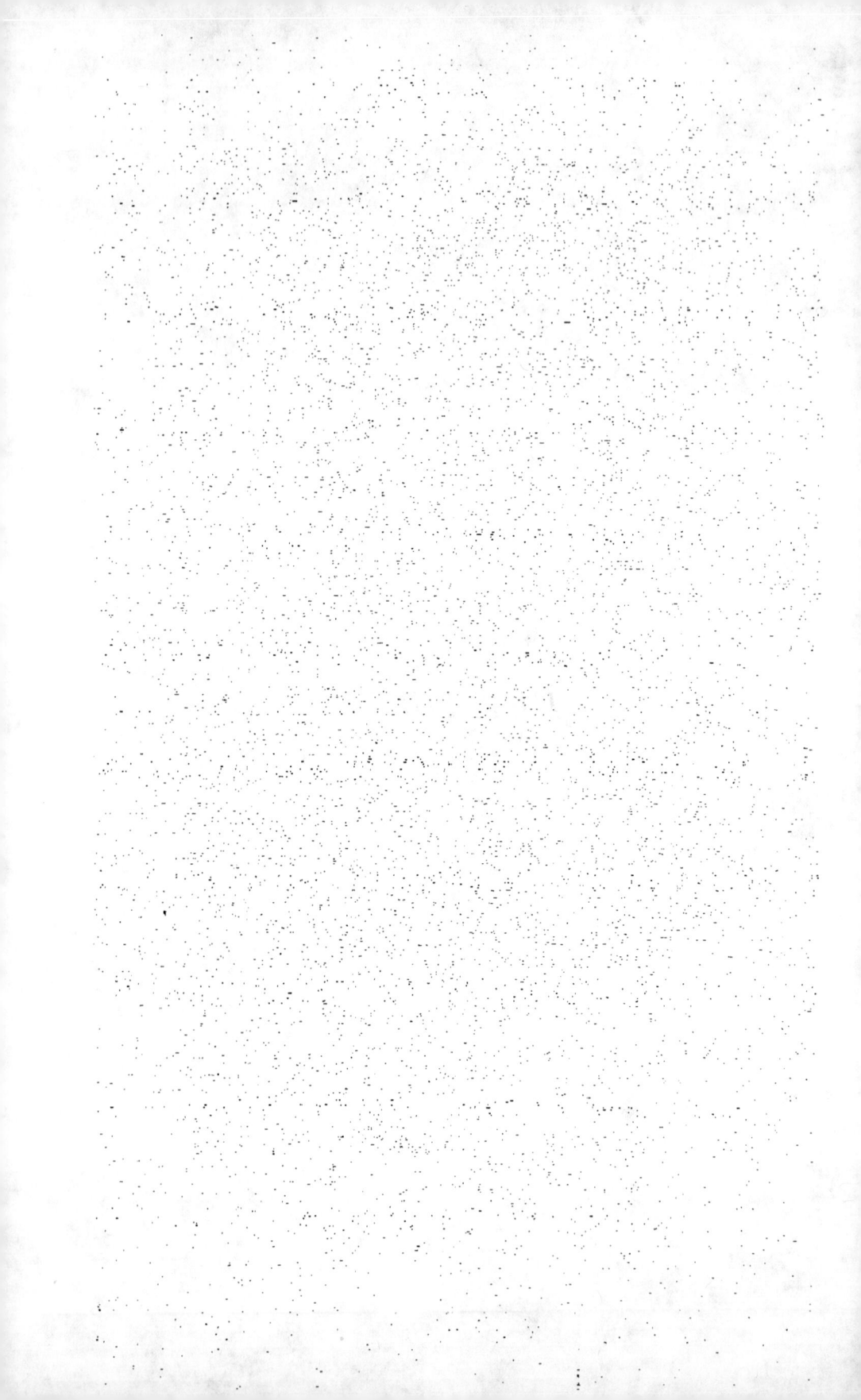

Je n'avais d'autre but, je n'avais d'autre envie,
Et j'en atteste ici mon invincible amour,
Que d'épurer sans cesse et d'amener au jour
Tout ce que cet enfant gâté de la nature
Au jour de sa naissance a reçu sans mesure.

L. SIÉFERT.

IV

L'ÉPREUVE

—◦◦◦—

Ta lettre d'hier m'a ravie, mon enfant, tu es enchantée de la conduite irréprochable de ton fiancé ; tu ne pouvais, dis-tu, espérer tant d'amour.

J'étais bien certaine, moi, que lorsqu'il connaîtrait mieux la bonne et sage compagne que nous avons élevée pour lui, il serait fier de l'avoir choisie.

— Ton cher ami, est donc parfait !

Discret devant les étrangers, respectueux quand vous êtes seuls, affectueux devant ta mère, il a toute ton estime et tu découvres, chaque jour, une nouvelle qualité ou un talent nouveau.

Vous dînez très souvent ensemble, il est tout à fait de la famille. Ta mère vous a déclarés maîtres de céans et la maison est entièrement à vos ordres.

La cuisine même a été envahie. Piquée au vif par le cher gourmand qui avait mis en doute tes talents culinaires, je te vois d'ici, avec ton joli tablier de cuisinière, tes manches relevées jusqu'au coude, ton minois affairé, faire sauter aux champignons et au vin blanc le lapin qu'il a été tuer tout exprès pour te faire un succès. Tu as eu raison d'accepter le défi ; cette victoire facile t'enseigne le chemin des autres.

Souvent, il ne s'agit que de vouloir pour pouvoir.

L'art culinaire n'est pas à dédaigner ; si tu le possèdes, tu ne seras jamais à la merci d'une cuisinière grincheuse ou d'un insolent valet. Il faut savoir tourner pâtes et pattes pour être une femme de ménage accomplie. Ton mari sera certain de voir toujours sa table intelligemment servie ; et c'est là un mérite très apprécié par les maris.

Un bon dîner, organisé par tes ordres ou par tes soins, te vaudra plus d'une bonne note.

Vous avez continué votre visite domiciliaire. Tu l'as conduit dans ta chambre, m'écris-tu, et arrivé au seuil de la porte il est resté muet et pensif. — Son respectueux silence m'a touchée... — C'est en effet un véritable nuage que cette chambre,

il ne doit pas s'étonner d'en voir descendre
un ange !

Puis il s'est approché de ton prie-Dieu,
et mettant discrètement la main sur l'ac-
coudoir, il t'a dit : « Pensez-vous quelque-
» fois à moi en faisant vos priéres ? »

Tu aurais eu bien envie de lui sauter au
cou, et de lui dire, comme dans la Favorite :
« C'est Dieu que j'implore et c'est vous
que je vois toujours. » Mais ta mère
n'était pas là ; tu n'as pas cru devoir te
permettre cet élan de tendresse. Tu as
bien fait, ma chérie : La dignité de la
jeune fille, comme celle de la femme, est
faite de réserve, si pénible qu'elle soit
d'ailleurs. Tu lui as raconté l'histoire de
tous les souvenirs qui ornent ta chambrette.
Vous avez inventorié, un à un, tous ces
riens artistiques qui meublent ta salle

d'étude, revu tous ces vestiges de voyage.
Il a pu deviner un coin de sa future
demeure, et je suis certaine que sa joie
était bien réelle.

Tu lui as fait, avec une grande simplicité
les honneurs de ton atelier. Il a sérieuse-
ment examiné les ébauches en tous genres :
peintures, dessins, sculptures sur bois,
modelage, il trouvait tout magnifique !

Il exagère assurément : on ne saurait
être une artiste à vingt-deux ans ; mais il
a vu que tu aimes sincèrement le travail,
ce compagnon des bons et des mauvais
jours.

Je sais ce qu'il n'a pas encore deviné :
C'est que les aiguilles, les crochets, les
navettes, n'ont plus de secrets pour les
doigts de ma chère mignonne. Je sais de
plus que tu ne travailles ni par vanité, ni

par entraînement, mais bien avec un goût véritable.

Ta mère a eu la sagesse de t'intéresser à toutes tes occupations ; rien ne te semble pénible, tu sais trouver le charme de chaque chose, et tu as fait du travail, quel qu'il soit, le premier plaisir de ta vie.

Puis enfin, il a trouvé sur ton bureau le dernier volume du fameux *Journal de ta vie.* Confidences bénies, que ces pages ont gardées secrètes, même pour ta mère, qui a fermé volontairement les yeux.

Déjà il se précipitait pour y surprendre quelques pensées, attendant toutefois l'autorisation de la gracieuse rédactrice..... Refusée, la permission ! Il a tourné dans ses doigts le cadenas qui ferme ton trésor. Il ne se doutait pas que ce sont maintenant les lettres de son nom qui scellent tes chers mémoires.

Il t'a remis avec soumission la précieuse pochette.

Pas encore, plus tard, lui as-tu dit ; la veille de notre mariage, je vous confierai ces pages : vous aurez le droit de tout y lire et..... de vous éloigner ensuite, si elles ne sont pas ce que vous les supposez !.....

Que tous ces détails me sont précieux et avec quel bonheur j'aime à relire tes lettres et à y revivre avec toi.

— Tu m'as dit que tu avais annoncé la grande nouvelle au bon Nicolas et à la fidèle Caroline — Mère Line, comme tu l'appelles.

Tu as bien fait ; ces vieux serviteurs ont

droit à certains égards, et comme après tout, tu n'as pas d'amis plus dévoués qu'eux, il est bon de les élever quelquefois à la dignité de confidents.

Nicolas n'a pas été sans se douter que le beau monsieur qui un certain soir lui a donné, avec son pardessus, un nom qu'il ne connaissait pas, était un admirateur de la grande demoiselle ; mais, il l'a connue si petite, il a maraudé pour elle tant de bleuets dans les blés, tant de nids dans les buissons, qu'il a bien le droit d'être un peu curieux.

D'ailleurs ce n'est plus de la curiosité, c'est de l'intérêt.

La vieille Mère-Line a été bien intriguée, elle aussi, des mets supplémentaires qu'elle a dû confectionner depuis quelque temps, pour cet inconnu qui ne justifiait pas ses exigences.

Tu leur as appris ta joie, ils la partagent. Si tu n'avais rien dit, peut-être que, dans leur grand désir de lire dans ton avenir, ils eussent fait quelques réflexions maladroites et mis les indiscrets sur la voie. Tu les as obligés au secret par la marque de confiance que tu leur a donnée. Tu es certaine de leur silence.

Tu es devenue, me dis-tu, beaucoup plus soucieuse qu'au début; plus le jour du *oui* éternel arrive, plus tu réfléchis.

Tu as raison, ma chère enfant, de ne pas trop te répandre au dehors ; c'est l'heure de la réflexion, l'heure du recueillement. C'est le moment sérieux où l'on doit se chercher soi-même, tout en cherchant autrui. Il faut songer que la fragilité

4

des choses humaines est telle, que ton
bonheur tient encore à un fil.

Toutes les graves questions de con-
venance et d'argent ont été discutées.
Elles ont été loyalement résolues et
l'exécution en paraît assurée.

Vos caractères se comprennent et se
rencontrent souvent ; mais avez-vous ces
qualités que j'appellerai *complétives* qui
font les unions durables et charmantes.

Il n'est pas toujours utile de se ressem-
bler pour se plaire. L'amour et l'amitié
sont faits de contrastes, et souvent les
vertus qui nous passionnent le plus chez
les autres, sont celles qui nous manquent.
On dit que nous poussons l'inconséquence
jusqu'à trouver nos propres défauts intolé-
rables chez autrui.

Vous avez l'un pour l'autre une grande sympathie. Ce sentiment, j'en ai l'assurance, se changera bientôt en véritable amour ; mais si, par une raison bien imprévue, sans doute, vous veniez à ne plus vous plaire, il faudrait lire sans faiblesse dans vos cœurs et rester bons amis, plutôt que de faire deux mauvais époux.

Combien de malheureux ont enchaîné leur avenir, convaincus qu'ils se rivaient, l'un par l'autre, à un boulet terrible, et qui, par fausse honte d'un monde qui ne s'est guère souvenu d'eux, ont subi ces tortures sans nombre qui font l'enfer des mauvais ménages.

Jusqu'ici tu n'as aucune appréhension, tu l'as éprouvé. Chaque jour d'épreuve fortifie ta confiance, et jusque dans les arts vos goûts sont les mêmes,

Hier, vous avez chanté le duo du Chalet, et ton père, me dis-tu, applaudissait avec ses larmes. Vous avez ensuite exécuté la 4ᵉ sonate de Mozart, piano et violon.

N'est-ce pas que ces conversations musicales ne sont plus de la terre ? Comme on s'isole dans ces sphères délicieuses ! Qu'elle douce harmonie chante alors dans nos cœurs !

On ne se soucie guère des précautions de l'éditeur. On sait bien, tous les deux, quand il faut précipiter, ralentir ou cadencer. On pleure dans les adagios, on chante avec les andante, on gazouille avec les allégros. Les cœurs, émus par mille souvenirs, murmurent de doux accents, mais la parole est infidèle ..... et le passage semble trop court ; car chaque note exprime son sentiment joyeux ou triste, mais charmant toujours.

Le trait fini on veut le reprendre, sachant bien qu'on n'a pas tout dit, et que répéter encore, c'est découvrir sans cesse un charme nouveau à ce duo des âmes.

On recommence, on revient, on termine enfin, et le point d'orgue arrive pour nous rendre l'écho de cette mystérieuse symphonie.

Je suis heureuse de songer à l'emploi de vos soirées : Les veillées sont bien gardées quand Mozart et Bethowen sont aux avant-postes, surtout si la chérie met dans sa vie le gai refrain qui lui a valu hier tant d'applaudissements :

Allons, allons, il faut lui faire oublier l'heure !

J'ai bon espoir, mes amis, vous serez

4·

heureux l'un par l'autre, encore quelques jours d'épreuve.

Prolongez, s'il se peut, ce temps qui sera certainement le plus beau de votre vie, en ce sens, surtout, que vous jouissez dans ces heureux jours d'un bonheur irresponsable.

Grand'mère, toujours un peu prêcheuse, vous rappelle ce mot d'un grand esprit :

Le plus beau jour de la vie c'est......

la Veille !

V

LES CONVENANCES.

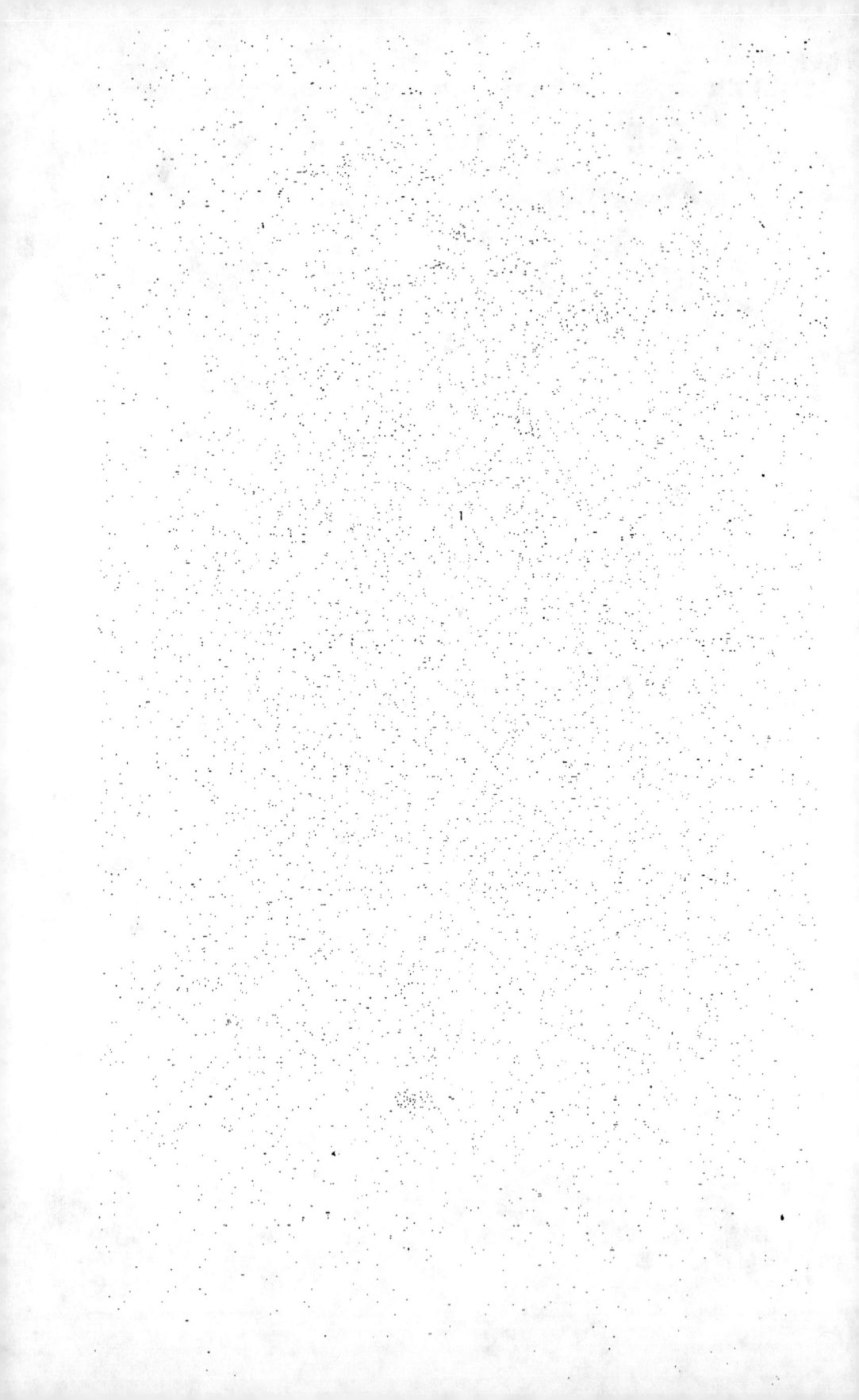

Pour vous enfant, le monde est une nouveauté,
De leur nid, vos vertus, colombes inquiètes,
Regardent en tremblant les printanières fêtes
Et cherchent le secret d'y vivre en sûreté.

SULLY PRUDHOMME

V

LES CONVENANCES

———✦———

JE n'aurais jamais songé à te donner mon avis sur les convenances sociales que ta nouvelle situation t'impose, mon enfant. La vigilance de ta mère me semblait une protection plus que suffisante : Vous êtes tant une seule âme dans deux corps ! Ta confiance en elle n'est dépassée que par ta soumission, et un regard de ton excellent guide devait suffire pour régler toutes tes démarches, pour dissiper toutes tes incertitudes.

Le sort malin, qui se rit de nos bonheurs, vient, tout à coup, de priver ta mère de t'accompagner dans ce voyage difficile qui précède les noces et où les deux familles se donnent rendez-vous pour faire à la jeune Fiancée une cour assidue , pour souscrire à tous ses caprices, pour devancer tous ses désirs.

La grippe a jeté sa griffe sur vos projets, mais les autres voyageurs sont prêts : il ne faut pas ajourner, pour une personne, le bon plaisir de la famille F.

Tu vas donc partir, accompagnée de Tante Marie. Je sais qu'elle t'aime trop aveuglément pour te donner autre chose que des approbations ; donc grand'mère se hâte de te griffonner quelques unes de ses idées. Elle ne sait jamais différer quand il s'agit de penser à toi.

Mon premier conseil sera pour te mettre en garde contre les gâteries qui t'attendent.

Mes chers et nouveaux amis, je vous en prie, n'ébranlez pas en quelques jours cette raison que nous avons formée avec les larmes de notre cœur, en contrariant souvent notre élève, pour la rendre plus sage.

Voyager avec des inconnus ! Sais-tu bien que c'est une sérieuse épreuve ? On se connaît beaucoup plus après huit jours de voyage, qu'après deux ans de fréquentation.

On part sur pied de cérémonie, on est intimes après vingt kilomètres .... alors, le moi reprend toute sa force, et gare aux éducations médiocres, aux dehors empruntés qui n'ont pas de lendemain. Le bout de l'oreille passe au premier choc,

les plus adroits sont démasqués, les habitudes les plus timides sont dévoilées, les
coquetteries habiles sont déjouées ; et tout
cela, parce que l'égoïsme, l'affreux et des-
pote compagnon de l'humanité, se réveille
avec toutes ses exigences.

Tu pars avec les honneurs du voyage ;
mais je te connais assez pour savoir que
tu n'abuseras pas de tes privilèges. S'il
est un coin confortable, une place plus
avantageuse, plus agréable, en wagon, en
voiture, à table, tu l'offriras à la mère de
ton fiancé, à ta tante. Et d'ailleurs, si tu
es près de lui, que t'importe le reste.

Pourtant je sais que l'on ne verra pas
de nuages sur ton front, si le sort vous
sépare quelquefois. Tu éviteras ces apartés
de mauvais goût, si peu aimables pour les
compagnons de route, et tu t'accommoderas

de toutes les combinaisons adoptées pour le voyage.

Sois pleine d'égards pour ta future belle-mère. Fais en hâte ta toilette pour arriver la première à son chevet, et lui servir, au besoin, de femme de chambre.

Que la plus scrupuleuse exactitude règle ta conduite. Rien n'est plus désobligeant que de faire attendre les personnes auxquelles on doit le respect.

L'exactitude est ordinairement la preuve de la délicatesse des sentiments.

Tu n'auras guère de concessions à faire dans ce voyage dont tu es l'héroïne. On ne sait plus compter : A toi, bijoux, dentelles, fourrures, toilettes de toutes sortes .... Tu n'as qu'à désirer .... Sois très réservée, aussi peu exigeante que possible.

Je ne vois vraiment pas l'utilité de ces prodigalités irréfléchies.

Ce serait rapetisser ton bonheur que de le placer dans toutes ces fantaisies. N'as-tu pas tous les bijoux qui conviennent aux jeunes filles ? Est-il besoin, dans nos existences bourgeoises et simples, de ces diamants qui ne figuraient autrefois que dans les écrins des princesses !

Je n'aime pas les bijoux ; ce luxe de clinquant me rappelle les mœurs des sauvages ; les jolies personnes ne sont jamais plus charmantes que dans la simplicité ; les autres me paraissent bien plus laides ainsi chamarrées. Elles semblent succomber dans la lutte désespérée de la laideur, essayant de se venger des trahisons de la nature.

Cependant, je passe comdamnation

pour les boutons d'oreilles : on a décidé d'en faire la base de l'élégance féminime. Ces bijoux sont d'un usage journalier ; on les porte partout, et dans les endroits où l'on coudoie des inconnus, c'est un certificat de bien-être aux yeux des masses, de ceux qui jugent sur l'étiquette.

Pourtant, la distinction naturelle peut se passer de brillants ; et je sais des oreilles non garnies qui ont très grand air.

Je ne veux cependant pas paraître trop arriérée, et si ton futur mari l'exige, si cela flatte son amour-propre, accepte les choses raisonnables et apprends à en orner tes toilettes avec le plus de goût possible.

Ta belle-mère à l'expérience de ces choses-là, demande lui son avis; c'est elle qui t'offre tout, il est bien juste qu'elle soit la première consultée.

Je ne serai pas aussi exclusive pour les dentelles. Dentelles noires, dentelles blanches, dentelles brodées de jais, broderies, etc. Toutes ces choses sont très seyantes.

J'aime que la jeune femme soit surtout soignée dans sa lingerie intime, dans sa toilette d'intérieur. Je comprends là tous les raffinements qui n'iront pas jusqu'à la prodigalité, et tous les soins sans restriction.

Certaines femmes ne trouvent rien d'assez élégant pour la rue, rien de trop beau pour leurs toilettes dans le monde et réservent, pour la maison, des négligés disgracieux et maladroits, dont le mari pourrait, à bon droit, se froisser.

La tenue correcte d'une maîtresse de maison est une question de respect d'elle-même, avec laquelle elle ne doit jamais transiger.

Vous allez aussi organiser votre mobilier. Unissez vos goûts et rendez votre maison aussi agréable que possible.

Choisis avec toute la déférence voulue pour ta future belle-mère ; prépare lui sa place dans ton logis, et fais lui plus tard les honneurs des meubles qu'elle aura préférés.

« Toutes les demeures sont envahies,
» maintenant, par la manie du bibelot, du
» bibelot sans âme, ruineux d'abord, banal
» ensuite, si précieux qu'il puisse être,
» parce qu'il ne révèle rien de cette indi-
» vidualité que doit trahir la toilette d'une
» femme et le cadre environnant.

» A Paris, je le sais, le luxe intérieur
» est poussé maintenant jusqu'à la folie, et

» il faut le reconnaître, ce luxe est souvent
» doublé d'art. Si l'on n'est pas soi-même
» connaisseur on se renseigne auprès des
» gens de métier. Et pourtant le plus bel
» appartement parisien ne m'a jamais
» donné l'impression du plus modeste
» *home* anglais, où le goût manque parfois,
» mais jamais le sentiment de l'intimité,
» relevé par l'originalité exotique qui
» révèle que les frères et sœurs sont dis-
» persés, mais que tous se souviennent du
» foyer lointain et qu'ils envoient, celui-ci
» l'Inde, celui-là l'Australie, dans un cot-
» tage de la banlieue de Londres perdu
» parmi les fleurs.

» Quand on n'habite pas un palais, ce
» que l'on a de mieux à faire c'est d'habiter
» une maison de verdure. Ces feuillages
» variés, ces fleurs, ces fruits, tombant en

» grappes, forment une frise naturelle
» pleine d'élégance et de simplicité : ce
» sont les arabesques du bon Dieu. »

Je n'ai pu résister au plaisir de te citer
ces lignes d'un de nos auteurs favoris. J'ai
cueilli ce bouquet de pensées dans une
œuvre inédite. Outre l'à-propos qui te
rendra ces réflexions plus agréables encore,
je sais qu'à la sensation présente se joindra
le souvenir de nos délicieuses surprises à
la lecture de Tony, de Désirée Turpin,
de Tête folle et de tant d'autres bijoux
littéraires. . . .

Tu me demandes si vous pouvez aller au
théâtre ensemble. Non seulement, je n'y
vois pas d'inconvénient, mais je te le con-
seille.

Le théâtre est une école sûre, où les

5*

caractères se montrent souvent dans tout leur naturel.

L'esprit gagné par l'émotion ne cherche plus de formules pour s'exprimer, il se trahit, et nous en dit plus dans une exclamation que dans des amas de phrases : que de larmes significatives ! que de sourires indiscrets ! Toutes ces observations sont bonnes et utiles dans la situation que vous traversez.

Pour vous plaire, il est nécessaire que vous vous connaissiez bien ; pour vous aimer, il est indispensable que vous vous compreniez.

Vous ferez quelques visites ensemble. De mon temps, les jeunes filles présentaient leur fiancé à leurs amis, dans la maison paternelle ; mais par ce temps de railways, les voyages devenus fréquents et

faciles ont transformé bien des convenances. Du reste, chaque pays a ses
usages, chaque famille aurait volontiers les
siens.

Il me paraîtrait étrange que tu allasses à
Paris faire visite à tes amis sans leur présenter Monsieur F. Garde, dans toutes
ces visites, la réserve la plus grande. On
serait peut-être si disposé à exagérer vos
tendresses, ou simplement vos manières
tendres!

Il vaut mieux être accusé de froideur
que de sensiblerie ou de légèreté.

Ce sentiment qui vous unit est trop
délicat, trop intime pour être compromis
devant les étrangers. Le monde ne vous
comprendrait pas, il dépasserait, dans son
jugement sceptique, les naïvetés de vos
âmes.

Votre bonheur est à vous seul, il est votre richesse, il doit avoir sa pudeur et son mystère, il ne devra se manifester que devant ceux qui sont dignes de le comprendre, disposés à le partager.

Les indifférents profaneraient par leur sourire ce qu'il y a de plus délicieux dans votre amour. Les fleurs fraiches cueillies veulent l'ombre et l'abri pour garder leur parfum.

Si, pour une raison quelconque, ton fiancé est obligé de s'absenter, abstiens-toi de lui écrire. J'ai en toi la plus grande confiance; mais dès que ta mère ne serait plus là pour sanctionner tes lettres, tu devras te méfier de ton innocence et de ton inexpérience. Et puis, les lettres peuvent s'égarer, et il y a si loin de la coupe aux lèvres!

Devras-tu prendre le bras de ton futur pour les promenades lointaines ou pour les courses à travers Paris.

J'aimerais mieux voir ton fiancé plus attentionné pour sa mère que pour toi. On ne doit rien à tes vingt ans, et ces promenades à deux sont si entraînantes qu'on s'expose à laisser bien souvent en arrière ces bons vieux trésoriers payeurs.

On ne les recherche qu'à l'heure du porte-monnaie. Tu m'avoueras qu'il y a là un côté absolument choquant.

Les personnes âgées ont quelquefois besoin d'un bras protecteur ; mais elles ont passé l'âge des équivoques. Le respect supplée à tous les usages et les égards qu'on doit à leurs cheveux blancs justifient toutes les camaraderies.

La jeunesse n'a de prétexte à cet appui

que la recherche d'une intimité plus grande,
et je ne suis pas pour les intimités devant
de nombreux témoins.

En général, on ne se promène plus bras
dessus, bras dessous, que dans les fêtes de
village. J'admets ce sans-gêne dans la
campagne, ou dans les allées de son parc.
Je l'accepte, comme cérémonial, dans les
marches d'apparat.

Le lien indispensable, essentiel, qui doit
unir les voyageurs de quelques jours et
nous tous qui sommes des voyageurs ici-
bas, c'est la politesse.

« La politesse n'inspire pas toujours la
» bonté, l'équité, la complaisance, la
» gratitude, elle en donne au moins les
» apparences, et fait paraître l'homme, au
» dehors, comme il devrait être intérieu-
» rement. »

C'est La Bruyère qui parle ainsi, et son siècle, en suivant ses préceptes, affirmait vraiment ses tendances à la culture morale et intellectuelle. La vieille politesse française a fait de notre pays la nation la plus hospitalière du monde.

J'apprends avec plaisir que tu as choisi pour demoiselle d'honneur ta cousine Jeanne. Beaucoup de tes amies se seraient fait un plaisir de t'accompagner. C'est la plus modeste, celle dont la position offre le moins d'avantages que tu as préférée. Je reconnais, en cela, la bonté de ton cœur et aussi la fermeté de ton caractère.

Aucune considération ne doit nous empêcher de suivre le devoir tracé, et de donner à la famille les premières places qui lui appartiennent toujours.

Monsieur Richard a choisi aussi un de ses parents.

Voilà donc vos premiers amis. Vous les avez désignés pour vous escorter dans votre triomphe ; ils seront, j'en suis certaine, fidèles au rendez-vous du cœur. Ils n'oublieront pas qu'ils vous ont frayé la route et qu'ils vous doivent leur encouragement et leur amitié sur le chemin de la vie.

Ils pourront s'éloigner, ils ne vous seront jamais indifférents. A dater de ce jour, ils font doublement partie de votre famille.

Au revoir, ma chérie, je me reproche la longueur de cette lettre, quand tu as tant de préparatifs à faire, et pourtant il me semble que je ne t'ai pas encore tout dit.

Je vous souhaite à tous bon voyage.

« Hâtez-vous lentement », la fatigue
énerve et ôte la patience aux plus robustes.

J'ai tant de peine à songer que des
incidents futiles pourraient troubler votre
ciel si bleu !

Il me tarde de vous voir revenir, plus
que jamais enchantés les uns des autres.
Ce sera pour moi un grand plaisir d'apprendre le retour à bon port de vos illusions
et de vos espérances.

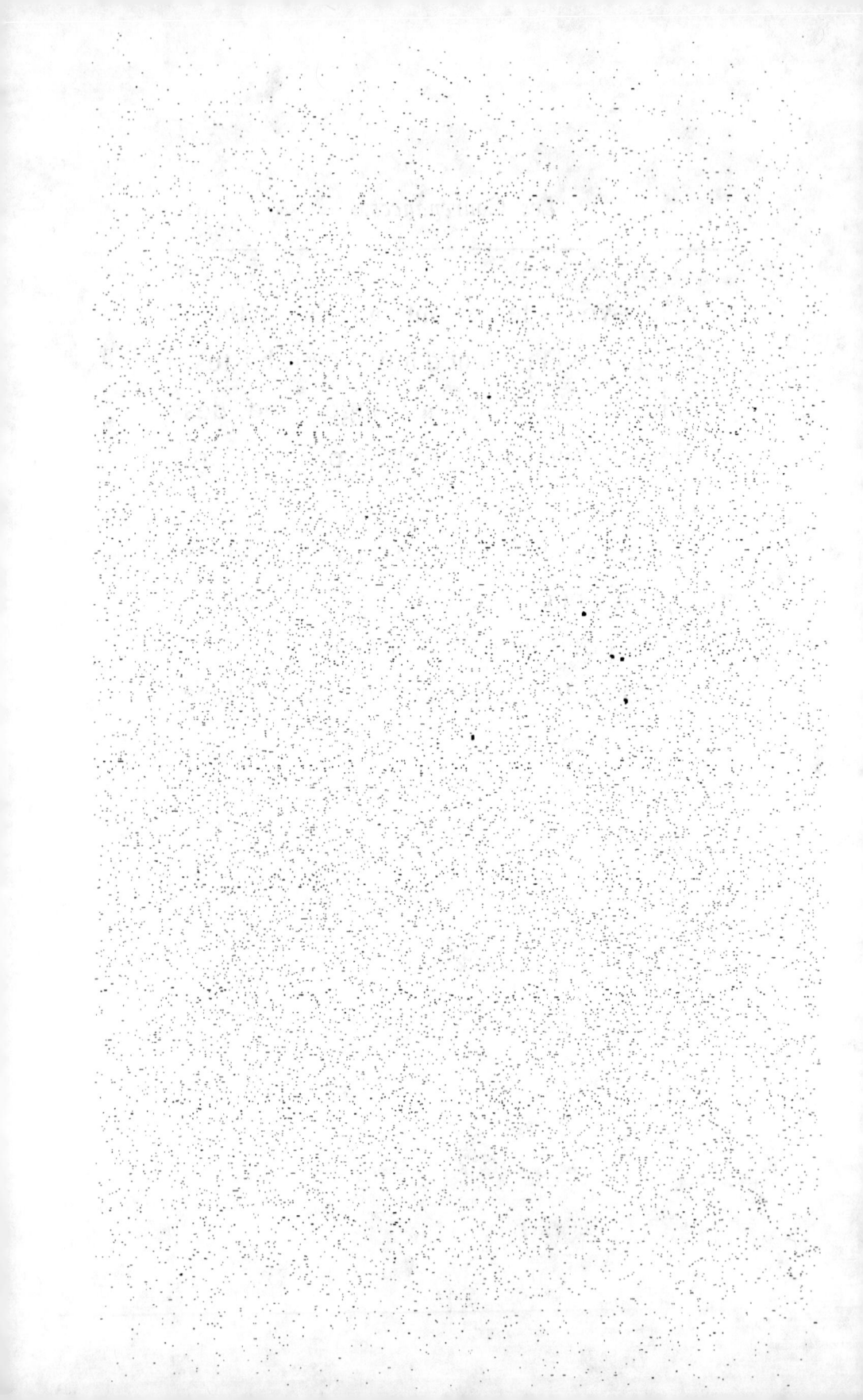

VI

LA

CORBEILLE DE GRAND'MÈRE.

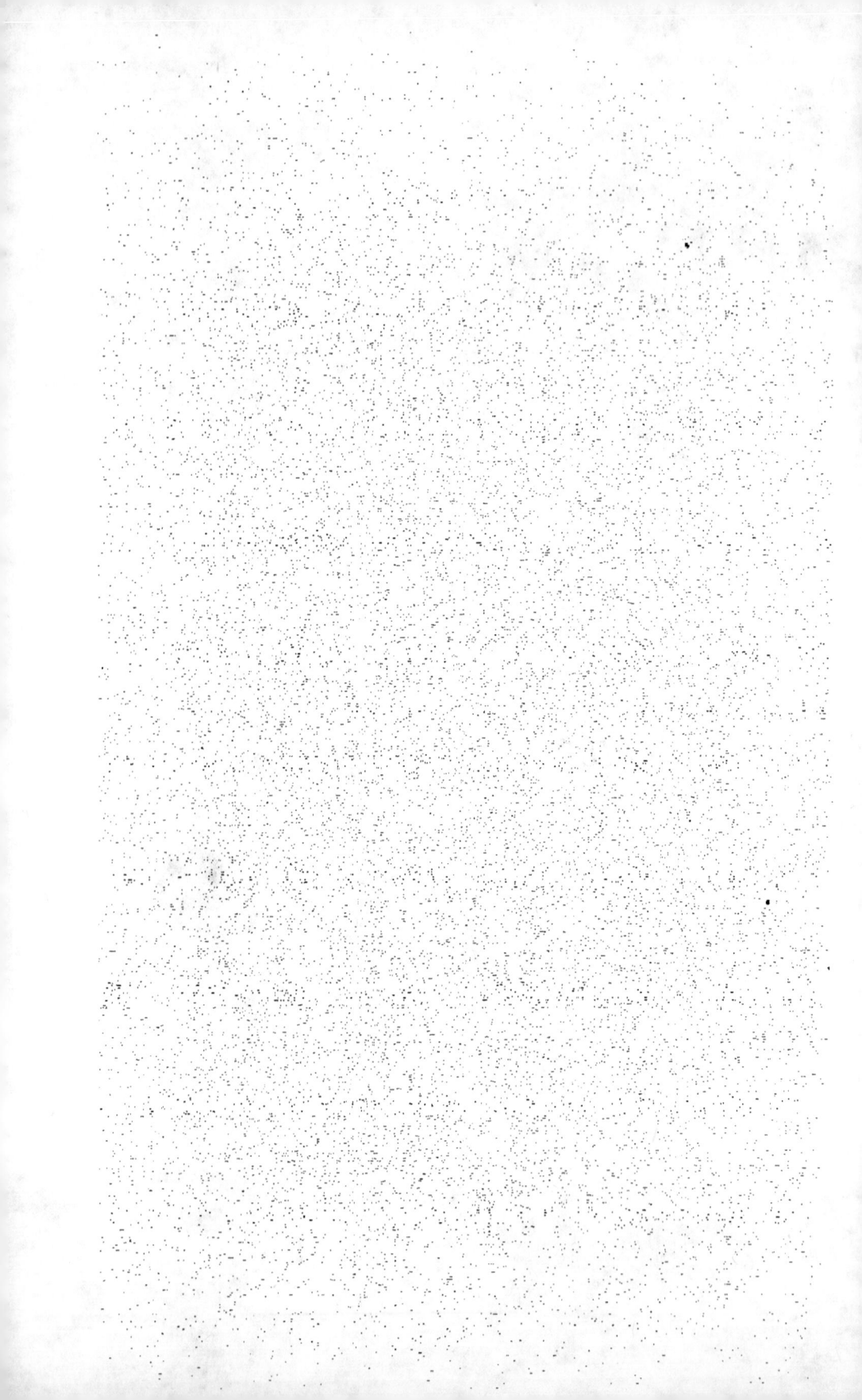

Dans cette vie où nous ne sommes
Que pour un temps sitôt fini,
L'instinct des oiseaux et des hommes
Sera toujours de faire un nid.

F. COPPÉE.

LA CORBEILLE DE GRAND'MÈRE

ÊTES-VOUS assez fière, Mademoiselle, et votre Majesté peut-elle bien croire aux prodigalités qu'on fait en son honneur ?

Vous reconnaîtrez-vous sous ces brocarts brillants, sous ces merveilleux satins ?

Ne serez-vous pas perdue sous ces flots de dentelles, sous ces gerbes de fleurs ?

Pour ma part, si vous êtes plus admirable et plus admirée, vous ne me paraîtrez pas plus charmante que vous l'êtes dans vos simples robes de mousseline blanche.

L'Eglise St-Thomas va dérouler son plus beau tapis pour recevoir cette traîne imposante qui va vous grandir aux yeux du monde. La foule, qui aime le faste, quoi qu'on en dise, accourra à cette fête qui lui rappellera sa Cour d'autrefois.

On se pressera sur votre passage, et votre fiancé joyeux aura pour récompense de toutes ses largesses ces mots qui le rendront bien heureux : Qu'elle est belle ! Nous qui entendrons cela, nous dirons : elle est mieux que belle, car elle est bonne !

Votre Grandeur reste impassible. Vous avez l'air de recevoir tout cela en véritable souveraine, et vous ne vous étonnez pas de tous ces hommages.

— Un sentiment d'orgueil, que je n'ai pas la force de blâmer, vous tient, comme électrisée, sous le magnétisme de ces hochets, et le plaisir de montrer ces merveilles à vos amies n'est pas la dernière pensée qui vous soit venue.

Vous avez exposé vos cadeaux dans votre appartement ; chaque visiteuse veut voir, et vous cédez sans peine à son désir.

Voyez, comme il m'aime ! semblez-vous dire. A-t-il été assez magnifique ? Quelle est celle d'entre vous qui aurait plus de bonheur que moi ?

Ce sentiment est juste, légitime mon enfant ; cependant je viens, avec ma vieille *sériosité* pour te ramener, toi si sage d'ordinaire, aux idées de justice et de bonté qui sont les tiennes.

Il y a certaines amies qui ne doivent pas

6

voir de trop près ces exhibitions. Le méchant *Moi* se cache sous toutes ces flatteries, et *l'amitié disparaît où l'égalité cesse*.

Les privilégiés de la fortune doivent se faire pardonner leurs richesses. Pour cela, il ne faut qu'un peu d'habileté, conseillée par la grande délicatesse des sentiments.

Tu as le cœur excellent, qui ne trompe pas en ces matières. Je t'en ai dit assez pour te voir mettre, au plus tôt, une sourdine à tes éclats de bonheur.

Puisque je suis en veine de morale et de conseils aujourd'hui, j'en profite pour te présenter aussi ma part de corbeille.

Ton futur mari me pardonnera, car ma prévoyance s'occupe de lui encore plus que de toi.

Je t'offre donc, ma petite-fille aimée, un simple bureau que j'ai commandé exprès pour toi.

En le faisant exécuter d'après mon plan, j'ai voulu t'initier à mes manies d'ordre et d'économie.

Ton bureau se compose : d'une table à écrire, — cela va sans dire, — d'une caisse à droite, d'un coffret à gauche.

Sur le devant de la table, j'ai fait placer quatre tiroirs, fermant sous la même clé.

Tout doit être mystère ici, pour les indiscrets.

Sur les étiquettes en ivoire, j'ai fait graver quatre mots, sortes de moniteurs muets qui feront la police de votre minis-tère des finances.

Nous frisons, tu le vois, la grosse question du budget.

Je passe d'abord à la caisse.

Tu y trouveras une petite bourse pleine d'or. J'ai eu le bonheur d'économiser cela pour vous deux ; je ne veux pas que cette somme figure sur les papiers timbrés de Messieurs les notaires.

Elle est à lui ; elle est à toi : ce sont les épingles de grand'mère.

Cet argent vous aidera à attendre vos rentes, qui ne vont pas arriver, toutes comptées, le lendemain de votre mariage.

Pour payer comptant toutes vos dépenses, il faudrait commencer par prendre sur le capital —presque tous les jeunes mariés s'arrangent ainsi— ce qui serait d'une très mauvaise administration, ou alors, acheter à crédit, ce qui serait tout aussi dangereux. Le budget doit être arrêté en conseil de famille et réglé par douzième, en réservant chaque mois quelques économies pour les mois *chers*, comme disent les bonnes femmes.

C'est le cas d'appeler à ton secours ces vilaines fractions qui ont fait tes désespoirs d'enfant, et dont tu vas comprendre toute l'utilité.

Passons aux détails.

Première étiquette de ton bureau :

Correspondance.

J'ai mis là quelques boîtes de papier à lettres avec enveloppes, le tout marqué à ton nouveau nom de Madame F.

Le cœur m'a battu bien fort en recevant ces feuillets à ton chiffre.

C'est grand'mère qui a eu la primeur de cette étrange métamorphose, et contemplant, les larmes aux yeux, ces messagères

6*

de l'avenir, je leur demandais en vain de me lever un coin du voile.

J'ai ajouté quelques cartes-correspondance. Ces papiers, nouveaux pour moi, me paraissent inventés pour encourager le laconisme, mais aussi pour rendre plus faciles certaines correspondances, dont la familiarité fait tous les frais.

J'ai glissé dans les papiers quelques sachets de violette qui laisseront un doux parfum à tes messages.

Je trouve cette attention aimable et gracieuse pour le lecteur.

Les lettres tombent souvent si mal, l'esprit qui les reçoit est si rarement à l'unisson avec celui qui les adresse, que mes violettes, sans être classées dans les précautions oratoires, pourraient peut-être remplacer avantageusement l'artifice de cette antique rhétorique.

Seconde étiquette :

Factures Acquittées.

Ces deux mots peuvent se passer d'explication.

Il paraît que le susdit tiroir était toujours vide chez Alexandre Dumas père, et que son voisin, des « *Factures à payer*, » s'en plaignit un jour, dans une certaine épître du spirituel Thimotée Trimm.

Quatrième étiquette :

Renseignements divers.

Tu mettras là les adresses, les prospectus ayant quelque valeur, les billets de loterie attendant la fortune , les petites recettes de ménage, etc. Ce tiroir est grand, en rapport avec les idées qu'il protège. Il est beaucoup plus grand que celui des « Factures à payer. »

J'insiste ; je l'ai fait faire tout petit, celui-là, afin qu'il ne se ferme plus, dès que les locataires viendraient à s'y presser.

Je reviens sur le tiroir aux lettres ; je ne t'ai pas expliqué la raison des deux compartiments qu'il contient :

Lettres répondues. — *Lettres à répondre.*

Je ne puis passer sous silence une recommandation qui a son importance. On remet trop souvent au lendemain cette besogne des lettres à répondre. Un autre courrier arrive, la correspondance ajournée devient plus difficile, le temps marche, apporte de nouvelles occupations et l'on ne répond pas, ce qui est extrêmement

impoli, ou l'on répond mal, par ces lieux
communs aux variantes banales, inutiles et
qui ne trompent personne :

« Je suis sans excuse ma bonne amie....
Ne m'accusez pas de négligence... etc.

Ne t'étonne pas non plus de trouver
un copie de lettres, rangé près de ton
papier.

Le style d'une lettre, qui reflète si bien
le caractère de celui qui l'écrit, doit toujours
être en harmonie avec le rang, la position
et le caractère de la personne à qui on
l'adresse.

On n'écrit pas à un protecteur, à un
personnage, comme on écrit à son amie
ou à sa couturière.

Quelquefois il faut un travail réel pour
rédiger certaines lettres très courtes.

Dans d'autres cas, on est très désireux de
relire à froid ce que l'on écrivait sous
l'enthousiasme de l'idée nouvelle. Une
copie te gardera fidèles toutes les impressions du moment et te les reflètera en
toute sincérité.

Je comprends aussi, dans mes précautions administratives, un carnet à feuillets
d'ivoire, pour inscrire le nom de toutes tes
relations.

Il est bon d'avoir cette liste toute
dressée pour les visites à faire, les cartes,
les lettres de part, les circonstances
marquantes de notre vie, ou simplement,
pour les souvenirs du jour de l'an.

Chaque année augmente le nombre de
nos connaissances et grossit, en même
temps, celui de nos obligations nouvelles.

Le cœur ne saurait se disperser à tous les coins du monde et sa mémoire peut rester en défaut.....

Inscrivons nos créances de savoir-vivre sur ces tablettes pour ne manquer, ni à la politesse, ni à la gratitude.

Enfin, le coffret de gauche, celui qui fait face à la caisse, servira à ranger les factures acquittées et les lettres de l'année précédente. Le tout soigneusement ficelé, avec désignation sur chaque pièce et sur chaque mois.

Tous ces détails te paraîtront bien prosaïques, peut-être bien insignifiants, ils ont cependant leur grande importance, pour la marche régulière et tranquille du ménage.

Tu connais maintenant la distribution de ton ministère des Finances.

Tu y trouveras tous les objets utiles qui
restent en évidence sur ton bureau,
semblables aux bons serviteurs toujours
prêts à accomplir promptement l'ordre
donné : encrier, plumes, crayons etc....
Mais devine quels sont les auxiliaires que
j'installe aussi chez toi ?

*Ton dictionnaire français et la grammaire
de classe....*

Ces vénérables classiques vont monter
en grade ; une belle reliure va les rendre
dignes de figurer dans ta chambre. Ce
sont de modestes mais véritables amis,
qu'il faut bien habiller, et surtout ne pas
dédaigner, ne jamais délaisser.

Tu les connais depuis longtemps ; tu
sais où trouver chez eux la lumière,
l'inspiration quelquefois, et ces notions

indispensables, qui échappent parfois, même aux plus érudits.

Après mon bureau, je demande encore une place pour le second objet de ma corbeille.

C'est une table à ouvrage, dans laquelle tu trouveras ce qui est nécessaire pour tous les travaux à l'aiguille.

De méchants esprits ont prétendu que beaucoup de jeunes gens ne s'étaient mariés que pour qu'il ne manquât plus de boutons à leurs faux-cols.

La note est forcée, certainement, mais tous les hommes cherchent une ménagère, dans la rigoureuse acception du mot.

Il n'y a pas de petits côtés dans une grosse question. Les plus légers man-quements peuvent provoquer un reproche de la part du mari ; et il serait à souhaiter

7

que ce premier reproche n'arrivât jamais.

— Je n'ai pas été bien amusante aujourd'hui ma chérie, mais quelque poésie que je veuille semer sur ta vie , je sais bien que la réalité te menace, en dépit de toutes mes prévoyances, et que le soin des choses absorbe les trois quarts de notre existence.

Pour terminer aussi gaîment que possible cette ennuyeuse épître sur les besognes urgentes, indispensables, je t'embrasse, en fredonnant avec Nadaud :

« Mangeons un peu, nous rêverons après. »

VII

LA TRIPLE ALLIANCE.

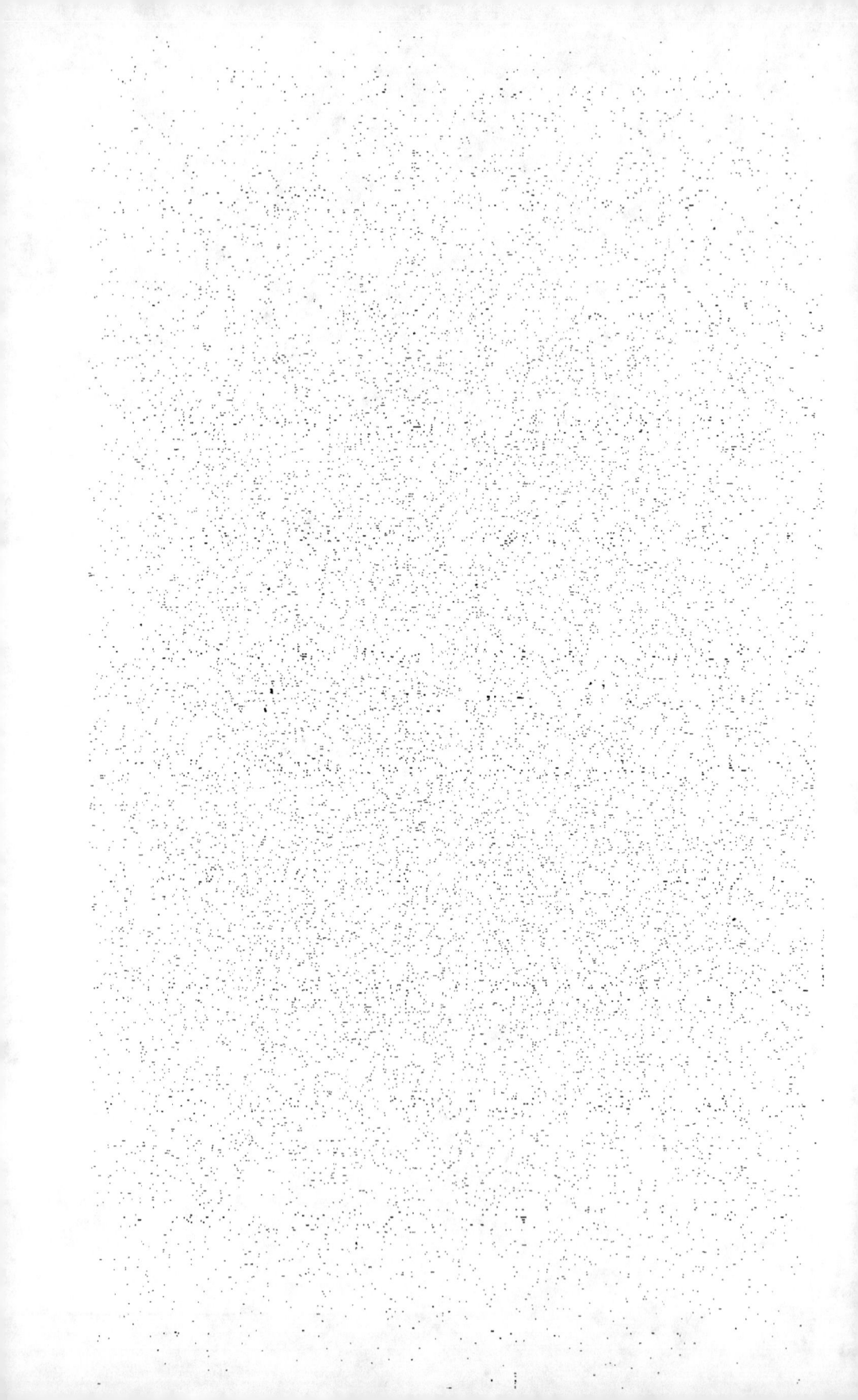

. . . . . . *Oh ! l'amour c'est la vie,*
Le bien, le beau, le grand, la foi, la vérité,
C'est Dieu même qui parle et soudain nous convie
A jouir tout vivants de l'immortalité.

L. SIEFERT.

VII

LA TRIPLE ALLIANCE.

JE n'assisterai pas aux cérémonies de ton contrat, ma chère
enfant, mais je ne veux perdre
aucun de mes droits, et comme la vie
sédentaire porte aux longues réflexions et
aux visions lointaines, je t'envoie, dans
cette nouvelle missive, toutes les choses
que j'aurais eu le plaisir de te dire, si mon
vilain rhumatisme n'avait fait des siennes.

J'aurais voulu te voir à cette *première* du
grand spectacle de ta vie.

Je suis fière d'avance de ta bonne grâce
et de ton amabilité parfaite ; aussi, dès que
je te saurai en scène, je me réjouirai avec
orgueil de toutes les admirations formulées
ou silencieuses qui viennent vers toi....

La maison est déjà sur pied de fête.
La table est dressée dans la salle à manger,
pour les nombreux convives, et le salon a
pris un air de tribunal.

J'aperçois une grande table, presque
une estrade, avec un beau fauteuil, des
lampes, un large écritoire et plusieurs
plumes bien neuves.

Tout cela est préparé pour un monsieur
cravaté de blanc, à l'air bien solennel.
Il se dispose à vous débiter, très peu distinctement, des phrases pourtant fort inté-
ressantes.

C'est un acte d'association que son manuscrit.

Oui, mes enfants, vous allez former une Société en bonne forme, où chaque associé va mettre en commun, pour les quelques années que Dieu lui prêtera, toutes les ressources pécuniaires, comme tous les frais de l'existence.

Il faudra que tu te résignes à comprendre ces grands mots de *droit* qui cachent tant d'arguments *obtus*, mais qui consacrent les dispositions nécessaires.

Tes parents ont rédigé ces pages avec toute la sagesse de leur expérience ; le notaire est l'ami de la famille. Votre avenir est donc aussi bien défendu que possible ; cependant il ne faut pas prendre à la légère cet engagement devant la loi ; il est très

7*

sérieux, comme sont sérieuses toutes les questions de principes.

Il est de bon ton de ne pas écouter la lecture de ces choses. C'est presque une délicatesse de paraître indifférent. Il ne faut pourtant jamais confondre les questions de sentiment et les questions d'argent. Elles se nuisent toujours l'une à l'autre.

L'argent est, en ménage, le principe du bien et du mal.

Il faut aimer l'argent pour les besoins qu'il contente, pour les agréments qu'il procure, pour les bienfaits qu'il permet.

On peut le considérer — suivant l'usage qu'on en fait — comme un excellent serviteur, ou comme un très mauvais maître ; mais il faut toujours traiter avec lui, comme avec une puissance devant laquelle on doit s'incliner.

De toutes les clauses obscures qui seront énumérées devant toi, il faut résumer
ceci : Qu'à la mort de l'un de vous deux,
— je frémis en écrivant ce mot, — vos
propriétés réciproques devront retourner à
vos héritiers respectifs, telles que vous les
aurez reçues, et moitié de ce dont vous
les aurez augmentées.

Votre communauté ne durera qu'autant
que vous. Quand Dieu séparera vos personnes, les hommes sépareront vos biens.

Tu entendras quelquefois dire que la
femme est toujours mineure, et que si elle
ne s'engage pas personnellement, les dettes
de son mari ne peuvent lui être imputées.

Nous ne sommes pas de cet avis : nous
te donnerons, au contraire, le conseil
d'aider ton mari dans toutes ses opérations
financières, en te recommandant toutefois

la plus extrême prévoyance. Nous sommes certains surtout de la grande confiance que vous aurez, l'un en l'autre ; mais si nous considérons comme une injustice très grande le retrait de la femme, en face d'une obligation financière du mari, nous sommes forcés d'avouer que la mère de famille est également obligée devant ses enfants.

La lutte entre les devoirs d'épouse et de mère deviendrait alors terrible, et sans issue plus loyale d'un sens que de l'autre.

Ces conseils te sembleront certainement superflus ; tu te diras que l'humeur de grand'mère est sombre, comme le vilain temps qui la fait souffrir. Non, ma fille, la vie est fertile en surprises, et c'est sur les questions d'argent qu'il est bon de mettre en garde les gens du monde.

L'imprévoyance est le défaut de la

jeunesse, c'est un devoir pour ceux qui ont fait la route, de signaler les étapes dangereuses.

Le contrat qui unit vos intérêts, mes enfants, n'est pas la seule alliance que vous formiez aujourd'hui.

Je t'ai parlé d'une triple alliance, et il n'y a pas que les empires qui appellent ainsi leurs traités ou leurs compromis.

Trois grandes puissances sont convoquées en votre honneur, Mademoiselle !

Monsieur !

Nous formons aujourd'hui l'alliance des intérêts, l'alliance des intelligences et l'alliance des cœurs.

L'alliance des intelligences ! mais c'est un des grands côtés du bonheur ; c'est là

qu'est toute la force de la prospérité
matérielle !

Beaucoup d'époux sont unis dans l'acception générale du mot, et l'unité manque
dans les actes qu'ils produisent. Ils s'ai-
ment beaucoup, et cet amour, dégénérant
en faiblesse, devient le plus sérieux ennemi
de la cause commune.

L'un ou l'autre des époux se désintéresse
trop facilement de la conduite des affaires,
croyant bien agir en s'en rapportant, sans
examen, à celui qui veut bien se charger
de commander.

Tu sais qu'un bon pilote ne suffit pas
pour naviguer sûrement, les lois maritimes
exigent un suppléant, un *second*, comme on
dit à bord.

Une seule volonté ne saurait être in-
faillible dans les manœuvres si complexes

de l'existence ; il est bon d'être deux pour toute décision importante.

Je voudrais que les jeunes mariés fissent l'inventaire de leurs moyens intellectuels, comme ils font la caisse de leurs espèces.

Il serait bien extraordinaire que deux êtres de nature et d'éducation différentes eussent les mêmes aptitudes, les mêmes défauts ou les mêmes qualités.

Si je n'aime pas les concessions aveugles, qui obligent les volontés faibles à regretter, tôt ou tard, l'indolence qui les a éloignées de la lutte ou de l'action, je suis, pour les mêmes motifs, l'ennemi des dominations absolues.

J'espère donc que mes deux associés vont faire, sans orgueil, sans jalousie, l'examen de leurs gracieuses personnes, qu'ils vont aller à la découverte de leurs

forces, de leurs faiblesses, pour se perfectionner et se compléter l'un par l'autre.

Si tu vises à la perfection, mon amie, tu
iras plus loin que ton mari ; ta nature
extrême le veut ainsi. Ton jugement sera
plus subtil, ton intuition plus sûre, ta
sensibilité plus grande. Il faut confier tout
cela à la froide raison de ton mari ; lui,
emmagasinant, pour ainsi dire, toutes ces
lumières qui l'éblouissent plutôt qu'elles
ne l'éclairent, se fera le prisme du rayon
parfait.

Vous vous tromperez encore, mes chers
petits, mais au moins vous n'aurez pas à
vous aigrir l'un contre l'autre, par ces
reproches inutiles qui ne réparent rien.

Ce que vous aurez voulu et exécuté
ensemble sera bien votre fait à tous les
deux, et si vous n'avez pas réussi, vous

chercherez, à nouveau, les moyens de mieux agir à l'avenir et de réparer, s'il se peut, les choses défectueuses.

J'ai toujours rencontré la fortune et le bonheur dans les ménages où la femme était le plus souvent consultée.

La troisième alliance, qui domine les deux autres, la plus parfaite, la plus désirable, c'est l'alliance des cœurs !

La vie de famille ne saurait s'alimenter de ces convenances sociales, de ces comédies de savoir-vivre que le monde joue si facilement. Pour que la famille se soutienne, il lui faut l'amour vrai, l'amour à tous les degrés, l'amour dans toutes ses acceptions.

L'amour au premier degré, qui donne

aux époux l'idéal du bonheur et qui en perpétue la durée.

L'amour filial, qui assure l'affectueux respect pour les parents.

L'amour fraternel qui nous fait des joies de la joie des autres, et la pitié, qui est encore l'amour, pour les inférieurs et les déshérités.

L'union dans la famille est la magie puissante qui défie toutes les perfidies du sort. Si l'on savait s'unir, il n'y aurait pas de malheur irréparable : l'affection vraie sait panser toutes les blessures de l'âme.

Avec l'amour, on verrait le fort tendre la main au faible, le riche aider le pauvre, l'heureux consoler l'affligé, et l'on verrait surtout l'obligé noblement recevoir le bienfait, parce qu'il aurait assez d'estime pour les siens et de confiance en eux pour tout accepter sans bassesse, pour être heureux sans scrupule du service rendu, aussi bien que fier de sa reconnaissance.

Avec l'amour, enfin, on comprendrait cette parole du poëte :

> . . . . En ouvrant notre main vide,
> Nous pouvons donner un trésor.

Quand je parle de famille, je confonds ta famille d'adoption avec celle que tu vas bientôt quitter.

Je ne voudrais aucune nuance dans tes rapports. Le cœur à ses secrets comme l'amitié a ses degrés, mais la charité donne la force de faire par vertu ce que le sentiment n'anime point toujours aussi parfaitement qu'on le souhaiterait. Que la famille ait toujours la première place chez toi. Tu sais si nous sommes fidèles au

culte de l'amitié et cependant, tu sais aussi
que nous n'avons jamais sacrifié le plus
désagréable des parents au plus aimable
des amis. Aussi, la famille, par un échange
de procédés affables, adopte-t-elle nos
amis ; il suffit qu'ils soient nôtres pour que
tous nos parents leur soient propices.

Souvent, pour conquérir ou garder des
amitiés, on s'impose des sacrifices cons-
tants qui ne produisent que des liaisons
éphémères. Un caprice du destin brise ces
relations si habilement nouées, et les hasards
de la vie nous ramènent brusquement à la
famille qui est le centre de tous les grands
événements humains.

Pourquoi n'y pas chercher les amitiés
rêvées ?

J'espère que ta grande bonté, ta parfaite
courtoisie, te mériteront la tendresse de

ta nouvelle famille. Je ne doute pas du bonheur que tu donneras aux autres ; je suis plus inquiète de celui qu'on te doit.

Je sais que tu seras toujours parfaitement juste sur les questions d'argent, très loyale dans ta conduite envers les absents, réservée et discrète dans tes paroles ou tes récits, indulgente dans les interprétations douteuses, simplement bonne en un mot, et animée, à l'égard de tous, des meilleures intentions.

Mais, est-ce mon orgueil de grand-mère qui te voit trop parfaite ? J'ai peur que ces qualités ne tournent contre toi ; Aristide n'a-t-il pas connu l'exil parce qu'on était fatigué de l'entendre appeler le Juste.

La jalousie n'est-elle pas le ver rongeur qui s'attaque aux natures supérieures ?

Quoi qu'il en soit, fais bien et laisse dire.

Ne cherche que la dernière place ; si tu ne réussis pas d'abord ne te lasse pas, la vérité se venge, tôt ou tard on te rendra justice.

Ce que tu feras pour ta famille nouvelle te sera rendu par l'affection reconnaissante de ton mari.

Si mon fils de demain veut bien me le permettre, je lui adresserai une prière, qui ne contient pour lui ni méfiance, ni reproche.

Toutes les femmes ne trouvent pas la perfection dans leur corbeille de noces. Je lui demanderai d'être très soucieux des égards qu'on te doit. Toute l'autorité de la femme vient de la protection que lui accorde son mari.

Les lâches ne s'attaquent qu'aux faibles, à ceux qu'ils ne savent pas défendus, et les jaloux sont toujours des lâches, qui, n'ayant pas le courage de se vaincre pour imiter ceux qu'ils envient, trouvent plus facile de les décrier injustement, ou de suspecter leurs meilleures intentions.

Fais toujours ton devoir, pour mériter et conserver l'estime et l'approbation de ton mari ; mais si tu avais un tort apparent ou réel, qu'il ait la sagesse et la générosité de t'éviter un reproche public.

« Tout royaume divisé contre lui-même « ne peut subsister, » dit l'Evangile.

C'est un livre bien démodé que celui-là, mais nous voulons pourtant le consulter toujours, n'est-ce pas ma fille ?

Nous aimons à y apprendre nos devoirs, plutôt que de chercher nos droits dans les théories modernes. Dans ce livre parfait, nous trouverons des conseils pour traverser

noblement la difficile épreuve de la prospérité, nous puiserons des forces pour
résister au choc inévitable de la douleur,
et gagner vaillamment cette mauvaise cause
qu'on appelle : la vie !

VIII

LE BONHEUR ET SES ÉTATS.

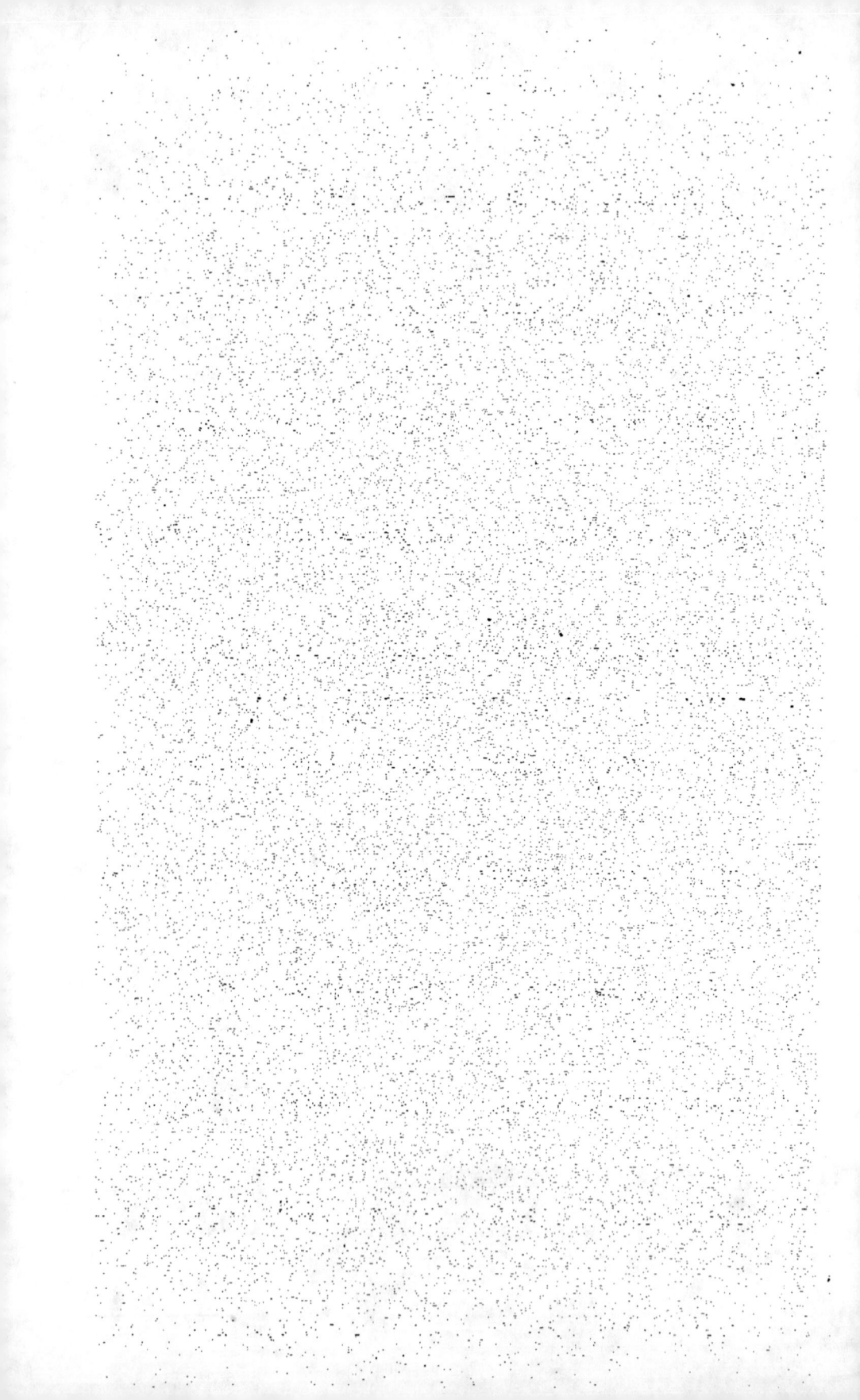

Mon Dieu, mettez la paix et la joie auprès d'elle ;
Ne troublez pas ses jours, ils sont à vous Seigneur,
Vous devez la bénir, car son âme fidèle
Demande à la vertu le secret du bonheur.

V. Hugo.

VIII

LE BONHEUR ET SES ÉTATS

ES rois s'en vont... peut-être, mais les royaumes subsistent et les reines demeurent.

On prépare les fêtes de ton couronnement, ma chérie, on va créer pour toi un *home* délicieux dont tu seras la souveraine.

Je veux appeler ta maison le Palais du bonheur, non que j'y voie la réalisation de tous tes rêves, et l'absence de tous les

8*

dangers ; mais parce que le bonheur de ce monde étant surtout fait de sagesse, je te crois digne d'être heureuse.

Tu seras bien la reine du logis, ce royaume en miniature : ministres et sujets, tous attendent tes lois !

— Tu n'étais rien hier ; jeune fille sans importance, tu grandissais pour notre seul bonheur. Le monde n'exigeait rien de toi, il te demandait seulement de lui prêter le charme de ta jeunesse. Il te désirait pour orner ses salons, il t'invitait pour embellir ses fêtes.... Mais, déjà les préliminaires sont signés, et bientôt, après une consé- cration solennelle de quelques heures, il te déclarera jeune femme. T'arrachant brusquement à tes joies naïves, à notre tranquille amour, cette société, qui te connaissait à peine, t'imposera tous les

talents et toutes les vertus, parce qu'elle
va te conférer l'honneur de fonder, à ton
tour, une famille nouvelle.

Un souffle d'indépendance a passé sur
notre siècle, jamais on n'a fait autant de
bruit autour de la femme : on exalte son
esprit, on exploite sa vanité, on cherche à
subtiliser sa finesse. Quelque fierté que
j'aie pour notre sexe, je crains tout de son
orgueil. Je crois les plus raisonnables
susceptibles de faiblir dans les enivrements
du succès.

Notre nature est vaine et se laisse facilement gagner par la louange. Les hauteurs
donnent le vertige aux délicats, et la
société n'a aucun intérêt à tromper ces
intelligences que Dieu a placées au centre
de la famille, comme les prêtresses au
temple, pour y garder l'honneur du foyer

et pour y assurer le charme paisible d'une bonne et sage administration.

Toi, ma chérie, tu ne te laisseras pas séduire par ces trompeuses promesses : tu sais que tu perdrais au change.

Tu gouverneras sans responsabilité et et c'est précisément là que sera ta force. Il s'agit de rendre ta puissance légitime, en la faisant plus sage. Alors, tu revendiqueras avec confiance cette part d'influence qu'on nous prête trop souvent à la légère, qu'on nous abandonne sans contrôle, pour nous la reprendre sans égards, dès que nous avons entrepassé nos droits.

Persuadée que ton rôle est modeste, tranquille, que les luttes mondaines et politiques ne sont pas de ton ressort, tu voudras être la joie de la maison, pour que ton mari puisse être, par ses relations extérieures, l'agent actif de la prospérité. Il sera l'action, tu seras simplement le conseil.

Je sais qu'il te faudra tenter bien peu d'efforts, et recevoir bien peu d'amour, pour oublier tout ce qui n'est pas lui, ce compagnon qui t'a choisie et au bonheur duquel tu veux te dévouer tout entière.

Les palais sont pour les reines et pour les fées ; sois l'une et l'autre, ma bien-aimée ; tu as tout ce qu'il faut pour porter la couronne.

Règne d'abord sur toi-même pour que ta sérénité ne dépende en rien des choses extérieures. Sache souvent souffrir sans te plaindre, résiste aux contrariétés de la vie sans te laisser vaincre par la tristesse.

Règne sur tes inférieurs, par ton autorité

aimable et douce, par la sagesse et la fermeté de tes ordres.

Règne sur le cœur de ton époux par une tendresse sans bornes, par un dévoûment sans limites ; et puis, sois la bonne fée du logis. Etablis et conserve par une surveillance de toutes les heures, cet ordre parfait qui est la première condition du bonheur.

Sache rendre agréable et facile cette existence de tous les jours que l'on peut si bien embellir quand la fortune nous est propice.

Que l'aspect de tes appartements soit riant : du soleil, des fleurs, des parfums, des sourires ; c'est te dire de demander à la nature d'abord ce qu'elle a de plus aimable.

Je n'aime pas ces demeures froides et

compassées, où je ne sens pas vibrer l'âme des familiers. Je rêve pour le nid de ma petite-fille le gazouillement des oiseaux et des choses. J'y veux trouver les souvenirs religieux des amis perdus, les livres commencés, les travaux inachevés, les tables de jeu provocantes et le bureau qui invite à la correspondance, ou qui appelle la réponse attendue.

Tu éviteras surtout ces fouillis de convention qui obligent à déranger dix objets pour en atteindre un seul. L'ordre doit régner partout ; mais un ordre raisonné, pratique, réfléchi.

Tout, en un mot, doit être compris et organisé de façon à réunir ces deux conditions qui rendent la vie facile : l'utile et l'agréable.

Que tout soit calme autour de toi, mais

que tout et tous y fassent leur devoir : que
les lampes y soient bonnes, les foyers
étincelants ; que les fleurs y soient vraies,
que les bibelots y soient utiles, ou alors
s'ils ne sont là que pour le plaisir des yeux,
qu'ils soient beaux et vraiment artistiques.
Chasse impitoyablement de ton appartement ces laideurs que la mode a installées.
Le goût, dit-on, est aussi rare que le vrai
génie, et beaucoup de salons ne sont que
des copies maladroites et prétentieuses,
où l'orgueil a plus de part que de goût.

Il faut surtout être soi chez soi et se
garder de ces imitations serviles, dénuées
de toute originalité.

Un esprit supérieur dédaigne l'opinion ;
il la domine ou il la dirige.

Il est bon d'obéir aux conventions sociales, mais encore faut-il que le bon sens

soit consulté, et nous avons toujours le droit
de raisonner ces ordres ou ces usages.

Favorise chez ton mari tous les goûts
qui le ramènent à l'intérieur.

Loin de repousser la fumée du cigare,
considère la comme un encens offert aux
dieux pénates.

Et s'il fallait aller plus loin, ne fais même
pas la moue à cette bonne grosse pipe.
(Cette terrible habitude a gagné toutes
les classes). Je ne rougis pas d'écrire ici
le nom de cette alliée fidèle. C'est avec
une très grande reconnaissance que je me
souviens des causeries délicieuses que je
lui dois, des indécisions où elle a plaidé
pour moi; des projets qu'elle m'a permis
d'élaborer et de conduire à bonne fin,
au travers de ces nuages fantastiques qui
m'étouffaient bien quelquefois... Les jeunes

9

maris, ne l'oublie pas, arrivent au mariage
le cœur lassé des bruits extérieurs, l'imagination rêveuse de solitude et d'égoïsme
à deux. Les premières années sont déci-
sives et

> L'oiseau s'envole là-bas, là-bas,

si les barreaux de la cage lui ont été blessants.

Je ne ferai pas à ta mère l'injure de
t'enseigner tes devoirs de maîtresse de
maison. Tu n'as qu'à te souvenir pour
organiser ton intérieur comme celui que
tu vas quitter.

Je sais pourtant que l'exemple des parents
parfaits n'est pas toujours promptement
efficace pour les descendants. La vie est
toujours facile avec les sages ; le bien-être
qui les entoure paraît si naturel que leurs
mérites échappent à l'inexpérience, comme
à l'admiration de l'enfant.

Jamais nous ne pensons que le jour est un bien.
L'aveugle comprend seul que la lumière est bonne ;
Que sans un rayon d'elle on ne connait personne ;
Que sans un rayon d'elle on ne possède rien.

La sagesse des nations n'a pas en vain prononcé cet arrêt : « Père avare, enfant prodigue. »

Quand les parents ont fait tapage dans la maison paternelle, par un gros défaut bien gênant, les fils se souviennent avec terreur des reproches qu'ils ont entendus, des troubles dont ils ont souffert, et, secrètement, ils se promettent d'éviter ces excès quand ils seront pères à leur tour.

L'enfant heureux croit volontiers que toutes les familles ressemblent à la sienne, et il ne songe même pas à remercier ses parents du calme qu'ils répandent autour de lui.

Pensons-nous à remercier le soleil de son exactitude à nous revenir à l'horizon?

Cependant quelle effroyable clameur s'élèverait donc de la terre, si l'astre roi était en retard de quelques heures!

Tu vas apprendre, à tes dépens, que l'obéissance est plus facile que le commandement, et que la maison la plus simple exige une surveillance de tous les instants.

Ta maison a aussi son soleil, et ce soleil c'est ton sourire; il ne faut jamais en priver personne.

Puisque je t'ai promis le bonheur, je dois au moins t'en indiquer la route, à travers ce dédale immense où tant de cœurs se méprennent, où tant d'imaginations s'égarent. Il ne faut pas demander à la vie ce qu'elle ne saurait donner.

L'idéal du bonheur est en nous : il est surtout dans notre façon de comprendre le devoir.

Je ne saurais te promettre une existence calme et sans nuages ; mais je t'assure que nos maux viennent de nos fautes, et que nous perfectionner, c'est toucher au bonheur.

Si, avant de céder à l'entraînement de nos désirs, nous étions sûrs au moins que l'objet convoité nous donnera tout ce qu'il nous promet, et saura nous dédommager des joies vraies et simples que nous lui sacrifions. Mais, prenons-nous seulement le temps d'y réfléchir ?

Tout notre raisonnement se borne souvent à céder à notre sentiment, dit Pascal, et dès que l'infortune nous arrive, nous

accusons le sort d'injustice, nous cherchons
en autrui la cause de nos malheurs, quand
c'est nous-mêmes qu'il faudrait accuser
et condamner.

« Si j'avais encore la folie de croire au
bonheur, disait Chateaubriand (qui baillait
sa vie), je le placerais dans l'habitude. »

Mon expérience personnelle et toutes
mes observations t'assurent que : si tu
réduis tes prétentions aux simples douceurs
de la vie domestique; si la bonne orga-
nisation de tes habitudes est aiguisée par
le charme d'une nouveauté qui sera le mieux
dans le bien; si des occupations réglées,
précises, des devoirs sérieux, des loisirs
permis partagent tes journées; si, en un mot,
tu ne laisses dans ta vie aucune place pour
le remords, tu peux croire au calme, à la

paix, seuls biens auxquels nous ayons le droit d'aspirer ici-bas.

Le bonheur n'a pas besoin de faste, il n'est pas dans la gloire ; comme un oiseau familier, il s'enfuit au tumulte du monde.

Plus sûrement on le trouve au coin du feu : il brille dans la lampe de famille ; il éclate dans la flamme du foyer. Tu l'auras aussi complet que possible, quand nous serons tous réunis pour ces agapes friandes que tu sauras si bien présider.

Il sera dans ton salon, au milieu de tous ces riens utiles et charmants que tu y auras semés pour la joie de tous.

Il sera dans ta bibliothèque, quand, les pieds sur les chenêts, ton mari et toi, vous *« lirez le même livre. »*

Il sera dans ta table à ouvrage, quand tu viendras t'y asseoir pour préparer un de ces jolis travaux qui feront douce surprise à ta mère ou à tes amies.

Il y sera surtout quand tu en sortiras un épais travail, vêtement laineux et chaud, que tu destines à ceux qui ont froid.

Il se cachera dans les plis de ton manteau, quand tu iras porter aux malheureux le résultat de tes privations volontaires, pour soulager des misères qui t'affligent.

Il te suivra, au retour, quand, plus que jamais frappée des inégalités du sort, tu béniras la Providence de t'avoir permis de faire des heureux.

— Je comparerais volontiers le bonheur à une mosaïque délicate. L'ensemble d'une vie heureuse se compose de mille joies de tous les jours qu'il faut savoir compter et rassembler.

Le bonheur, c'est surtout la bonté. Le bonheur, mon enfant, sera partout où ton cœur agira, car la félicité suprême de ce monde, ce n'est pas recevoir.... c'est donner !

IX

DÉJA !

Seigneur, père des temps et de nos destinées,

. . . .

Bénis donc cette grande aurore
Qui m'éclaire un nouveau chemin,
Bénis, en la faisant éclore,
L'heure que tu tiens dans ta main !

LAMARTINE.

IX

DEJA !

Ce matin, ma première pensée est pour toi, ma chérie ; je veux que cette épître, la dernière que j'adresserai à *Mademoiselle* et chère petite fille Aline arrive avant moi.

Elle ne me précèdera que de quelques heures ; ces facteurs sont toujours les maîtres de nos journées ! Tout se tait, au logis, pour les accueillir et pour les écouter. Et puis, ce qu'ils apportent ne s'envole

pas comme des paroles ; et il y a des bonjours si solennels, qu'on voudrait les éter-
niser sur parchemin : ces bonjours qui
précèdent les adieux....

— J'irai terminer cette lettre, tout à
l'heure dans tes bras, en te portant ma
bénédiction de sexagénaire.

Je salue, avec toi, la dernière aurore de
ta chambre virginale, et je sens ma poitrine
se dilater dans un long soupir, en me
disant : Déjà !

On dirait que j'entends encore le joyeux
carillon qui faisait de moi une heureuse
marraine, et déjà, déjà la vie a marché
assez rapide pour me permettre d'assister
à cette mystérieuse consécration de tes
rêves d'enfant, de tes espérances de jeune
fille !

Mon soupir, crois le bien, ne manifeste ni appréhensions, ni regrets.

Je viens de revivre en quelques minutes mon existence tout entière, celle de ta mère, et j'ai remercié Dieu d'avoir permis que, toi aussi, tu fusses admise aux douleurs sublimes qui nous font femmes.

Remontant la chaîne des êtres, et admirant cette loi d'amour qui obéit aux ordres du Créateur, par toutes les forces de notre nature, je demande à Dieu qu'il te donne assez de confiance pour en subir courageusement toutes les épreuves, assez de virilité pour te faire heureuse de tous tes sacrifices.

Tu arrives avec assurance aux portes de la vie. L'inconnu ne t'est pas redoutable : il n'y a pas d'obscurité sur le chemin de l'amour.

— Tu sais loyal le cœur du fiancé qui t'aime et qui t'appelle, tu sais prudente la mère qui t'aime mieux encore, et qui pourtant te conduit vers lui.

Tout à l'heure, j'aurai à peine la possibilité de t'embrasser ; les magnificences de ta toilette t'auront rendue inapprochable, je t'admirerai de loin, comme les autres ; à peine pourrai-je gagner ce front de vingt ans pour y déposer l'affectueux témoignage de mon respect.

Ah! nous commençons aujourd'hui notre sacrifice et nous avons besoin, je t'assure, de tout l'étourdissement de cette journée pour l'accomplir sans abattement, pour le consommer sans faiblesse.

Tu n'es déjà plus à nous....

Il est vrai que tu n'es pas davantage à

ta nouvelle famille. Tout et tous te dispu-
tent à toi-même, à ton mari.

Beaucoup de mariées, prenant plus ner-
veusement qu'il ne convient de le faire
ces réceptions cérémonieuses et cette lon-
gue mise en scène, marchent automatique-
ment, résignées à sacrifier à l'ensemble,
mais se montrent peu soucieuses des parti-
cularités.

C'est un grave erreur. Aujourd'hui plus
que jamais il faut rester *toi-même*.

Détaille avec esprit, finesse et bonté
surtout toutes les minutes de cette journée.
Sache être simple avec art. Oublie que tu
as la première place ; oublie que tous les
yeux sont fixés sur toi.

On n'est jamais plus maladroite que lorsqu'on veut se faire charmante. La grâce
qu'on veut avoir gâte aussi celle qu'on a.

Ne pose pour personne, prends simplement conseil de ta propre inspiration.

Chaque acte de cette journée, si solennel qu'il soit d'ailleurs, aura son coté habituel et pratique. Il n'y aura en plus que l'appareil administratif qui ne saurait t'impressionner.

Les œuvres des hommes ont des côtés mesquins et prosaïques. Les cérémonies officielles n'ont pas la poésie de l'orgue qui chante, ni les étourdissements de l'encens qui parfume nos temples.

A l'Hôtel-de-Ville, on semble traiter de puissance à puissance, et l'égalité, cette vieille espérance toujours déçue, nuit beaucoup au respect.

Je te vois peu portée à prendre au sérieux cet ami de ton père qui t'a fait sauter sur ses genoux, quand tu étais enfant. Cepen-

dant, toute autorité vient de Dieu, et ce
n'est point Monsieur M., mais Monsieur
le Maire qui va prononcer, au nom de la
loi, le premier verdict de ton émancipation.

« Mademoiselle, te dira-t-il, consentez-
vous à prendre pour époux Monsieur
Richard F. ? lui jurez-vous obéissance
et fidélité, en toutes choses, comme une
fidèle épouse doit à son époux ? »

« Oui Monsieur, » répondras-tu, et ce
seul mot enchaînera ton existence. Ce oui,
t'obligera a l'obéissance, au dévouement,
au sacrifice peut-être !...

Alors, le représentant de la loi, plus
respectueux encore devant cette femme
qui promet des citoyens à la patrie, t'ap-
pellera : Madame !

Le premier, il te saluera par ce nouveau
titre de gloire.

Souviens-toi que les témoins sont nombreux, les juges sévères, et tous auraient le droit de te dire parjure, si tu manquais à la foi promise.

Le code et la loi sont-ils assez forts pour rendre indissolubles ces liens qu'ils veulent former ?

La fidélité extérieure, apparente, est la seule qu'ils puissent exiger; c'est à l'église, c'est devant Dieu que vous irez enchaîner vos âmes, et proférer ce serment du cœur, le seul qui oblige vos consciences.

Tous nos parents, tous nos amis sont là ! Ton père aura les honneurs de ce joyeux cortège.

Pauvre père ! il sera bien ému de sa marche triomphale. On dirait un frère aîné qui va t'offrir son bras pour te conduire à l'autel... Ton bonheur l'a rajeuni de dix ans.

Sois ferme pour lui : il aura l'air d'être
ton appui ; je gage que c'est toi qui le sou-
tiendras. C'est toujours cela la vie, ma
chérie, voilà le sexe fort !

La messe est terminée ; tu vas à la sacris-
tie. Grande revue et grand tapage.

En garde, Majestés ! c'est le baise-main
féodal ; ce sont encore les vassaux qui
viennent rendre hommage à ces puissants
d'un jour.

Toi, mon enfant, donne un cordial baiser
aux parents, paroles bienveillantes aux
amis, mais va au devant des vieillards, des
timides.

Puis, enfin, le repas, la soirée, le bal,
la foule. Soutiens-toi gaie et riante. Rends
la main à ton honheur.

Cause, danse, multiplie-toi à l'infini. Il
faut que tu sois à tous, que chacun ait ai-

mable souvenir à garder, bonne parole à emporter.

Ne cherche pas à éblouir, cherche à captiver tous les cœurs. Ton mari te le permet aujourd'hui : il faut que tu le grises d'orgueil.

Tu seras charmeuse, ravissante enchanteresse, et tu ne quitteras la place qu'après le départ du dernier invité ;

Et, s'il n'en reste qu'un, reste pour celui-là.

Vous n'avez pas le droit de fuir la fête qu'on donne en votre honneur.

Rien n'est plus inconvenant, à mon avis, que ces départs furtifs qui ont tout à fait l'air d'une désertion, et qui semblent un démenti aux protestations amicales de la journée.

Alors, quand tout se taira autour de

vous, que ce grand silence vous rendra à vous-mêmes, reposez-vous dans les bras l'un de l'autre, et puissiez-vous, toute la vie, être heureux ainsi de vous retrouver seuls !

Premières confidences et premier abandon, quelles douces larmes nous vous donnons encore !

Toutes ces agitations joyeuses se répètent dans les derniers instants de cette journée, qui comptent déjà dans les premières heures du lendemain.

La mairie, l'église, les larmes de ta mère, le trouble mal dissimulé de ton père, les conseils de l'homme de Dieu, les félicitations des amies, les épithalames des poëtes, les chuchottements flatteurs de la foule, les invitations empressées des danseurs, les gracieusetés de tous... Tout revit, tout se

presse en échos sympathiques dans notre
esprit ; mais une parole tinte à nos
oreilles et à notre cœur, plus vibrante que
les autres ; une seule : la dernière qu'a dite
le prêtre dans sa bénédiction suprême.
Grand'mère s'en souvient, car :

« Grand'mère a passé par là ! »

« Qu'il vous soit donné de voir les enfants de vos petits-enfants ! »

Les enfants ! mot mystérieux, à la fois
plein de trouble et de charme ! La vie fac-
tice est donc finie, le voile tombe et nous
voilà seuls en pleine réalité !

Mais cette réalité nous absorbe, ces
dangers nous attirent et nous sentons alors
toute notre véritable grandeur.

Dédaignant les railleries mesquines et
les vulgaires équivoques, nous savons que

nous sommes appelées par Dieu au plus grand de tous les honneurs : celui de donner la vie.

Ces périls nous passionnent, et bien loin de gémir sur le méchant sort qui nous a faites femmes, nous saluons la maternité comme un grand *qui perd gagne*, et nous remercions Dieu qui a caché, sous les plus durs sacrifices, ce sentiment ineffable qu'aucune langue humaine ne saurait traduire.

C'est toujours l'inconnu ; mais toutes les aspirations de notre être nous emportent vers l'infini, et le bonheur que nous saisissons ne serait pas complet, si nous ne savions que demain va le continuer ou le compléter encore.

Demain, ma chérie, nous te retrouverons ; tu ne nous auras pas quittés,

Tu as compris que tu nous devais les premiers enthousiasmes de ton amour. Tu ne nous laisseras que lorsque tu nous auras dit avec ta voix, et plus encore avec tes yeux : Je suis bien heureuse !

Alors, adieu, mes enfants : allez, envolez-vous à travers le monde, portés par ces chimères que nous ne voulons pas détruire.

Allez en pleine liberté, loin du bruit, loin des hommes, sous ces ciels magnifiques faits pour les amoureux.

Allez retremper sans cesse aux sources fécondes de la nature, vos âmes avides de beau et d'idéal ; que ces admirations partagées rapprochent vos âmes, que ces enchantements jettent leur douce magie sur vos amours. Ce sont les roses de la vie ; cueillez-les, faites large moisson de souvenirs, que leur parfum vous suive et vous ranime dans les défaillances de l'avenir.

Et puis, n'ayez pas peur; pour les vaillants et pour les poëtes, pour les croyants surtout, la vie a plus de joies que de larmes ! Que la paix, fille de la vérité, vous garde ses douceurs.

Que la bonté soit la grande science de votre vie, et que cet amour, qui double aujourd'hui tous vos plaisirs, vous soit une force invincible pour soutenir la lutte de la vie.

Oubliez notre foyer désert; nous aimons votre absence qui nous promet les bonheurs du retour; et d'ailleurs, pour vous, enfants,

Il suffit d'être heureux pour n'être pas ingrats.

TABLE.

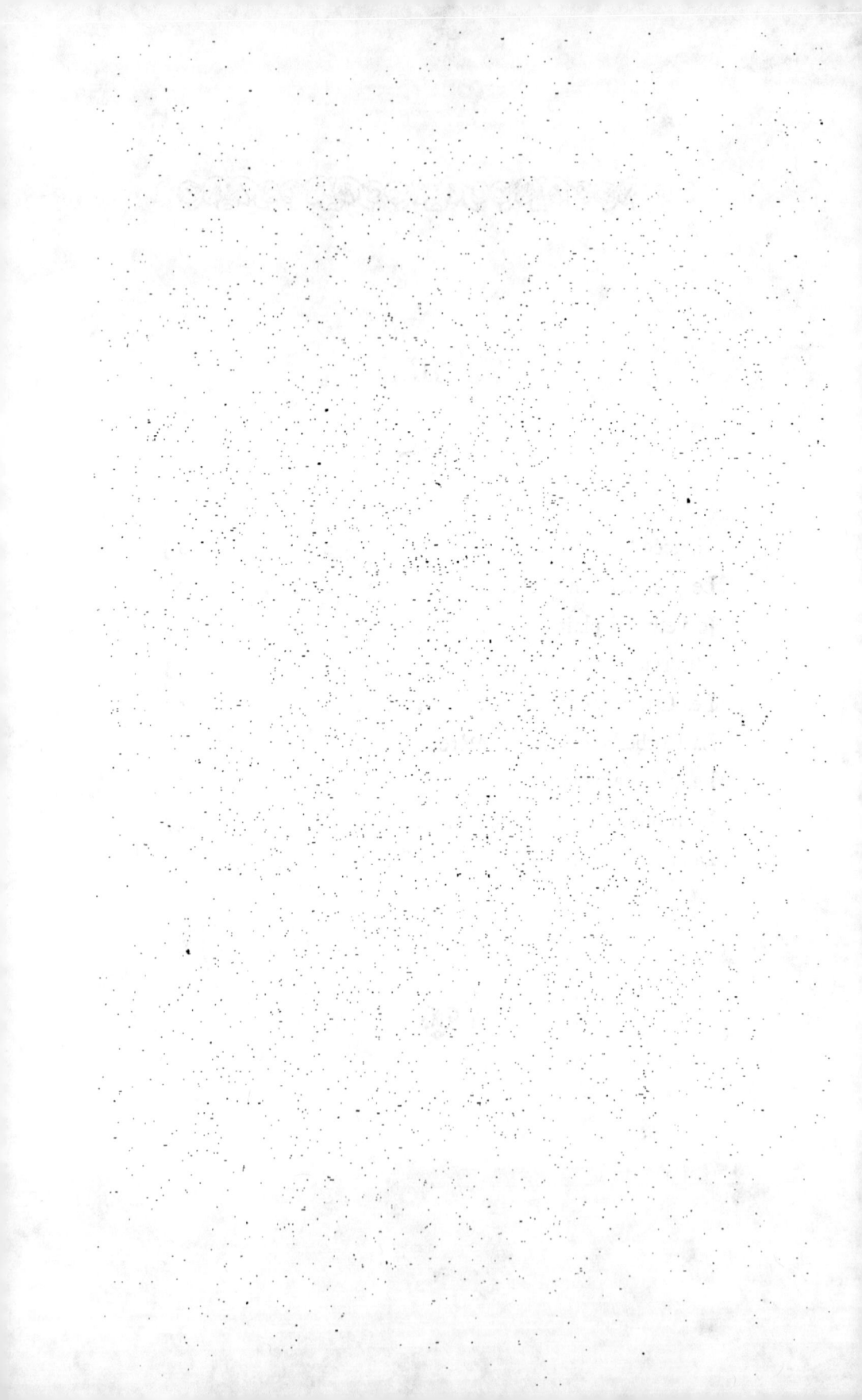

Imprimé

par

DELATTRE-LENOEL.

AMIENS.

1887.

www.ingramcontent.com/pod-product-compliance
Lightning Source LLC
Chambersburg PA
CBHW072237270326
41930CB00010B/2170